183

중세의 예술과 사회

조르주 뒤비

김웅권 옮김

東 文 選

중세의 예술과 사회

Georges Duby

Art et société au Moyen Age

© Éditions du Seuil, 1995 et 1997

This edition was published by arrangement
with Éditions du Seuil, Paris
through Korea Copyright Center, Seoul

차 례

유럽이 형태를 갖추게 된 것은 이 책에서 문제되고 있는 10세기 동안이다. 유럽은 확고한 기반을 다졌고 풍요해졌다. 또이 시기에 고유하게 유럽적인 예술이 탄생하고 개화했다. 우리는 현재 남아 있는 것을 찬양한다. 그러나 우리는 그 형태들을 최초로 바라보았던 사람들과 동일한 시선으로 그것들을 주시하지 않는다. 우리에게 그것들은 예술 작품이며, 우리가 우리시대에 창조된 것들과 마찬가지로 그것들에게서 기대하는 것은 미학적 즐거움뿐이다. 중세 사람들에게 그 기념물들, 그 대상들, 그 이미지들은 우선적으로 기능적이었다. 그것들은 무언가에 봉사했다. 그것들은 강력하게 계층화된 사회에서 세 개의주요한 기능을 수행했는데, 이 사회는 비가시적인 것과 가시적인 것에 동일한 현실성을 부여했고, 후자보다는 전자에 더 많은 힘을 부여했다. 그리고 죽음이 개인적 운명에 종지부를 찍는다고 상상하지 않았다.

대부분은 신을 찬양하고, 신에게 감사하고, 그 대신 죄를 용서받고 은총을 얻기 위해 신에게 바쳐진 선물들이었다. 아니면 수호 성인들과 고인(故人)들에게 바쳐진 것들이다. 그 시대에 예술적 창조의 본질은 제단·기도실·무덤을 중심으로 전개되었다. 이러한 제의적 공여의 기능은 사람들이 인간의 노동에 의해 생산된 부(富)에서 큰 몫을 떼어내 이 장소들을 치장하는 데 헌신하는 일을 정당화해 주었다. 그 어느 누구도 그런 일에 대해 의심하지 않았으며, 예수의 제자들이 보여준 가난 속에서 살기 위해서 스스로 모든 것을 벗어던진 그런 기독교도들조차도 마찬가지였다. 예컨대 성 프란체스코는 교회가 그리스도의 몸을 보호하고 있기 때문에 값지게 장식되어야 한다고 주장했다. 그는 교회가 영광되고 치장되기를 바랐다. 따라서 이러한 제의적 공여의 기능으로부터 그 형태들에서 오늘날 우리를 감동시키는 것, 즉 그것들의 아름다움이 나온다. 사실 그 어떤 것도 전지전능한 신의 눈 아래 놓일 수 있을 만큼 충분히 아름답게 보이지 않았다. 신을 기쁘게 하겠다는 의도에서 필요했던 것은 가장 순수하고 가장 화려한 재료를 사용하고, 그것을 가공하는 데 인간의 지성·감성·능숙함을 최고도로 발휘하는 것이었다.

또한 그런 기념물들, 그런 대상들, 그런 이미지들의 대부분은 내세와의 소통을 수월하게 해주는 매체의 역할을 했다. 그것들은 내세의 반영, 접근점이 되고자 했다. 그것들은 그리스도의 몸이든, 천사의 몸이든, 혹은 천국의 예루살렘이든 내세가 이 지상에 현존하고 가시적이 되도록 하고자 했다. 그것들의 존재 이유는 내세의 완벽한 것들과 보다 긴밀한 교감 속에서 예배식의 거행이 확립되도록 하는 것이고, 학자들로 하여금 외관의 장막 속에서 신의 의도들을 간파할 수 있도록 돕는 것이며, 독실한 신자들의 명상을 인도하기 위한 것이고, 그들의 정신을 사도 바울로가 말했듯이 **가시적인 것을 통해 비가시적인 것 쪽으로** 인도하기 위한 것이었다. 뿐만 아니라 관대한 학자들은 그것들에 보다 통속적인 교육 기능을 부여했다. 그들은 그것들에게 문맹자들이 무엇을 믿어야 하는지 그들에게 보여주는 임무를 부여했다. 1025년에 아라스의 종교회의는 무식한 자들의 교육을 위해 이미지들을 그리는 것을 허용했다. 그보다 1백 년 이후에 베르나르 드 클레르보(그러나 그는 시각주의자는 아니었다. 오히려 그는 믿음의 형제들로 하여금 밤의 어둠 속에서 알 수 없는 것에 귀를 기울인 채 있어 보라고 권유하곤 했다. "무엇 때문에 무언가를 보려고 애쓴단 말인가? 귀를 기울여야 한다")는 주교들이 "정신적인 이미지들을 통해 백성들의 육체적 헌신을 자극할 수 없을 때 감각적인 이미지들을 통해 그렇게 하라고" 명령하곤 했다.

마지막으로——이 세번째 기능은 첫번째와 합류한다——예

술 작품은 힘의 표명이었다. 그것은 신의 권력과 신의 봉사자들의 권력, 전쟁 지휘관들의 권력, 부자들의 권력을 찬양했다. 그것은 이 권력을 부각시켜 주었다. 동시에 그것은 권력이 드러나도록 했고, 그것을 정당화시켰다. 그렇기 때문에 이 세계의 힘 있는 자들은 자신들이 신의 영광에 바치지 않았던 것을 자신들의 영광에 바쳤던 것이다. 그들은 보통 사람들과 자신들을 구분지어 주는 장식물을 그들 주변에 세우려고 고심했고, 그 아름다운 물건들을 정교하게 제작하라고 명령하여 자신들의 풍요를 나타내는 표시로 삼았으며, 추종자들을 따르게 했다. 그렇기 때문에 어느 시대나 마찬가지로 그 당시에도 주요 형태들의 예술적 창조는 권력과 권력의 이득이 집중되는 장소들에서 전개되었다.

예술 작품이 우선은 유용한 물건이었다는 점으로 볼 때 알 수 있는 사실은, 중세 사회가 15세기가 가까워질 때까지 예술가와 장인을 혼동했다는 것이다. 이 사회가 그들 양자에게서 보았던 것은 주문을 실행하는 단순한 존재이며, '주인,' 사제 혹은 군주로부터 제작물의 계획을 내려받았던 존재이다. 교회 당국이 반복하여 말했던 것은, 이미지들을 창안하는 것은 화가들의 몫이 아니라는 점이었다. 교회가 그것들을 만들어 전달했다. 화가들에게 떨어진 몫은 다만 **아르스(ars)**, 다시 말해 구체적으로 이미지들을 제작하게 해주는 기술적인 방법들을 실행하는 일뿐이었다. 주교 이상의 고위 성직자들로 말하면, 그들은 '구성'

을 결정했다. 다시 말해 그들은 주제, 형상들과 이것들의 배치를 결정했다.

그러나 중세의 그 1천 년 동안 새로 태어나는 유럽에서 상황은 끊임없이 변화했고, 어떤 시기들은 오늘날만큼이나 신속하게 변화했다. 이런 변화들은 사회적 관계들과 문화 조직의 다양한 요소들에 영향을 미치면서 예술적 창조의 조건들을 변화시켰다. 권력의 중심점은 이동했다. '야생적 사유'가 조금씩 퇴진하고 교회 인물들의 영향력이 제한되는 반면에, 예술 작품의 기능들 가운데 세번째 기능이 부각되었다. 그렇기 때문에 건축물·사물·이미지에서 기능적인 것이 아니라 단순하게 즐거움을 주는 것의 위치가 현대인들의 정신 속에서 부지불식간에 확대되고 있는 것이다.

물론 앞으로 다루게 되는 것은 사회의 물질적·문화적 구조들의 변화를 통해서 예술적 형태들의 변화를 설명하자는 것이 아니다. 우리의 의도는 그 두 가지를 나란히 놓아서 서로를 보다 잘 이해하도록 돕자는 것이다.

5세기에서 10세기

전통적으로 볼 때 고대 사회에서 중세로의 이동은 5세기에 위치한다. 이 시기에 유럽은 존재하지 않는다. 역사가가 알고 있는 거의 모든 것은 로마 제국의 틀 내에서 지중해를 중심으로 여전히 질서가 유지되고 있다. 그러나 오래전부터 진행되고 있는 하나의 운동이 이 틀을 와해시키는 방향으로 나간다. 그 것은 그것의 라틴적 부분에서 그리스적 부분을 점진적으로 물리친다. 사실 동부에서는 전적인 활력·부·힘이 모습을 드러내고, 고대 로마 문명이 단절 없이 역사를 계속한다. 반면에 서쪽에서는 오래전부터 허약한 처지에 있었던 이 문명은 퇴락하고, 게르만 민족의 이동으로 황폐화로 치닫는다. 이쪽에서 무질서는 3세기 동안이나 자리잡고, 이 기간 동안에 새로운 문명의 요소들이 뒤섞이게 되었다. 그리고 새로운 예술의 요소들도.

서양 자체는 두 부분으로 구성된다. 하나는 남쪽에서 로마화된다. 로마 문명의 자국이 가벼웠던 지방들에서는 제국의 식민

화가 억눌렀던 토착적인 관습이 다소간 되살아난다. 그러나 도처에 도시들은 여전히 존재한다. 물론 그것들은 지중해로부터 멀어짐에 따라 그 수가 점점 적어진다. 그러나 파괴할 수 없는 도로망이 제국의 끝에서 끝까지 그것들을 긴밀한 문화 공동체로 연결해 준다. 이 도시들은 인구가 감소한다. 지도급 인사들은 점차 도시를 벗어나 시골 거처에 정착하러 간다. 그렇지만 그것들은 여전히 살아 있고 위용을 드러낸다. 성벽, 장엄한 성문, 석조 기념물, 조각상, 분수, 공동 목욕탕, 원형 극장이 있고, 공적인 문제들이 다루어지는 광장, 연설가들이 양성되는 학교들, 금화를 관리하고 동방으로부터 수입된 파피루스·향신료·모피를 여전히 얻을 줄 아는 동방 무역상들의 식민지들이 있기 때문이다. 또 성벽 밖에 펼쳐진 방대한 공동 묘지들에는 조각들로 뒤덮인 부유층의 석관들이 있기 때문이다. 이 모든 도시들은 그것들의 모델인 로마를 향해 있다. 라틴 세계를 헬레니즘으로부터 분리시키는 경계 자체에 위치한 거대한 도시 로마는 대부분 그리스화되어 있지만, 자신의 지난날 위대함에 긍지를 느끼고 있다. 그리고 이러한 기억에 의지하여, 또 성 베드로·사도 바울로와 무덤들이 고이 간직된 그 모든 순교자들의 추억에 의지하여 새로운 로마인 콘스탄티노플의 세 확장을 억제하기 위해 전력을 기울여 싸운다.

북부와 서부를 보면, 로마 군단이 결코 침투한 적이 없는 광야와 숲 속에는 '미개한' 종족들이 살고 있다. 사냥꾼과 돼지

사육자들, 그리고 전사들로 이루어져 흩어져 살면서 반쯤 유목민인 이들은 그들 나름의 전혀 다른 관습들과 믿음들을 지니고 있다. 그들의 예술 또한 다르다. 그것은 석조 예술이 아니라 금속·채색 유리·자수 예술이다. 기념물은 없고, 가지고 다니는 물건들은 무기들이며, 지도자들이 생전에 치장하는 그 보석들과 부적들이다. 이것들은 무덤 속에 그들 옆에 놓이게 된다. 부조는 없고, 새기는 조각이 있다. 추상적인 장식과 교착된 마법적 기호들이 있는데, 이 기호들에는 때때로 동물과 인간의 형상이 스타일화된 형태들이 상감되어 있다. 이런 민족들 가운데 어떤 경우는 이동을 하는 동안 그리스화된 영토들을 따라감으로써 성서를 받게 되었다. 그들이 최초로 그들의 왕들의 인도 아래 서양 제국 속에 밀려 들어가 권력을 장악한 것이다. 다른 민족들은 그들을 뒤따르게 되며, 이교도들인 그들은 옛 국경을 넘어 전진하는 동안 그들이 점령하는 영토에서 로마의 존재를 드러내는 너무도 소박한 흔적들을 지워 버린다. 우리는 이 혼탁한 시기에 '미개한' 문화가 어느 정도까지 로마 문화에 승리해 그것을 휩쓸어 버리는지 구분할 수 있다. 오늘날 유럽에서 로망어 방언들의 지역과 다른 방언들의 지역 사이에서 이상할 정도로 안정된 상태로 뻗어 나가는 선명한 선은 이러한 전진의 한계를 나타내고 있다.

이 두 문화가 누르는 무게는 같지 않았다. 훨씬 더 확고했던 남부의 문화는 유스티니아누스 황제가 동방에서 벌인 시도들에 의해 6세기에 다시 활력을 되찾았다. 황제는 한때 게르만 왕국들을 억압하는 데 성공했다. 그의 군대는 다시 이탈리아를 점령했다. 로마에서, 아드리아 해를 따라 또 라벤나에서 승리의 표시로 문화적 재정복의 상징인 장엄함 건축물들이 세워졌다. 건축물들은 플로티노스의 사상과 하나의 정신성의 영향을 받아 고대 로마 예술이 어떻게 변모되었는가를 우리 시선에 제시한다. 이 정신성은 어둠을 물질의 현현들 가운데 하나라고 간주해 배척했으며, 깊이와 이에 따른 환조(丸彫)를 단죄했고, 번쩍거리는 모자이크 예술에서 이미지들을 납작하게 하라고 권장했다. 이러한 접목은 적절한 순간에 개입했다. 그것이 없었다면, 다시 말해 당시 라틴 문화권의 동방 변두리에 이식되었던 형태들의 존재가 없었다면 고대의 전통은 그렇게 견고하게 쇠퇴에 저항할 수 있었을까?

그러나 전쟁들은 그만큼 커다란 손실을 야기했으며, 두 가지 우발적인 일이 '매개인들'(이방인들)의 문화에 직면한 남부의 문화를 약화시키게 되었다. 우선 페스트가 발생해 6세기 후반 동안 급격하게 창궐했고, 8세기 중엽까지 간헐적으로 재발했다. 강안들과 도로들을 따라서 퍼져 나갔던 전염병은 주로 도시들, 다시 말해 고대의 전통들이 정착한 지점들에 타격을 주었다. 반면에 그것은 시골들, 북부 골 지방[1]과 게르마니아를 완전히

---

1) Gaule: 지금의 프랑스에 해당하는 지역을 말한다. [이하 역주]

비켜갔던 것 같다. 다른 한편 남부 지방들의 상당한 부분이 이슬람 문명의 지배하에 들어갔다. 이슬람교도들은 마그레브, 이베리아 반도 거의 전부, 나르본 지방까지 지배를 확대했다. 그리하여 동방과의 해상 연결로가 두절되었다. 670년 이후에 파피루스는 더 이상 프로방스의 항구들에 들어오지 못했다. 페스트와 아랍인들의 정복은 결탁하여 정치 권력의 강력한 지점들을 대륙 깊숙이 이동시키고, 가장 활발한 교역의 흐름들을 북해의 해안가들로 이동시킴으로써 미래 유럽의 형태가 개략적인 윤곽을 갖추게 되었다. 이와 같은 이동 자체가 서구 로마 도시들의 쇠퇴를 가속화시켰다. 원로원의 대가문들의 자손들은 왕들의 주변에서 이방인 무리들의 지도자들과 결합되었다. 이처럼 혼합된 귀족 계급의 힘은 농부인 백성을 무겁게 짓눌렀고, 시골화된 세계에서 사유하고 행동하고 이미지를 다루는 게르만적 방식들의 영향력을 부각시켰다.

그러나 로마 문화는 그것의 권위를 간직했다. 그것은 침입자들을 매혹시켰다. 바로 이러한 문화의 수준으로 자신들을 격상시키기 위해서, 또 로마 시민들이 공유하고 있다고 생각한 그런 종류의 행복에 참여하기 위해서 게르만인들은 국경을 넘었으며, 그들의 지도자들은 권력의 주인들이 되어 기꺼이 집정관의 직위로 치장했고, 테오도리크처럼 라틴 문학의 개화를 장려했으며, 클로비스처럼 자신들의 동료들과 함께 세례수를 받았던 것이다. 그들은 통합되겠다는 단 하나의 욕망만을 지니고 있었다. 진정으로 통합되기 위해서는 기독교도가 되어야 했다.

사실 로마 문화에서──그리고 고대 예술에서──가장 활력 있게 남아 있었던 것은 기독교 교회, 즉 라틴 교회 안에 보존되어 있었다. 이 교회는 이단적인 일탈로 옮아가지 않았고, 로마의 주교를 성 베드로의 후계자로 숭상하고 있었다. 4세기 초엽에 콘스탄티누스 대제의 결정으로 교회가, 때때로 박해받는 수상한 비밀 종파가 더 이상 아니게 되었을 때, 교회가 제국의 공식적인 제도가 되었을 때, 그것은 그것의 계층 구조를 제국의 행정이 지닌 계층 구조를 모방하여 구축하면서 기존 권력의 틀 내에서 지배적인 위치에 곧바로 진입했다. 각각의 도시에서 주교는 이제부터 무인들의 무기 앞에서 자신의 지적·정신적 무기를 내세우며 시민적 책임의 핵심을 담당했다. 승리를 구가하는 교회는 옛 로마의 모든 문화 유산을 제 것으로 삼았다. 교회는 학교, 다시 말해 공적인 연설을 위해 시민적 엘리트를 양성하는 데 초점이 맞추어진 교육 제도를 병합시켰다. 교회는 성 히에로니무스가 성서를 번역하기 위해 사용한 훌륭한 라틴어를 투박한 방언들의 오염으로부터 그럭저럭 보호하는 데 열중했다. 주교들은 부유한(évergètes)[2] 사법관들의 자리를 차지했는데, 이들처럼 오랫동안 로마의 대가문들에서 나왔으며, 화려

---

2) 명사로 쓰일 때 Evergète는 부유한 정치적 인물로서 재산의 일부를 도시를 치장하거나 활성화시키는 데 사용하고, 축제나 유희를 조직하면서 자신의 명성을 유지한 존재를 나타냈다.

한 예배식 · 음악 · 시각 예술들을 통해 도시의 영광과 자신들의 권위를 드높이는 데 전념했다.

콘스탄티누스 대제는 신자가 되어 자신의 정치적 이득을 위해, 지원했던 예배 의식을 위해 화려한 기념비적 장식물을 세우라고 명령했는데, 주교들은 그가 통치하던 시기에 시작된 웅장한 사업을 계속하면서 건물들을 지었다. 그들은 이미 자리잡고 있는 건물들을 확장했고, 때로는 광장 자체에, 또 가짜 신들을 모신 사원들의 자리에 새로운 건물들을 지었다. 그러나 이들 사원들의 구조를 이루는 요소들을 재사용하고 고전적 전통을 충실히 따랐다. 사법관들이 앉아 최고 통치자의 이름으로 법을 말했던 홀들을 모델로 삼아 그들은 긴 중앙홀이 있으며, 측면에 산책 통로가 갖추어지고, 주교좌가 있는 후진으로 마감되는 대성당들을 건축했다. 콘스탄티누스가 예루살렘에 예수의 무덤을 보호하기 위해 짓게 했던 것과 같은 장례적 기념물들을 모델로 삼아서 그들은 팔각형의 수반(水盤)을 중심으로 중앙 집중 양식의 세례당들을 지었다. 이 팔각 수반은 지상으로부터 천상으로, 물질계로부터 정신계로 가는 과도 단계의 상징이었다. 고위 성직자들은 새로운 사회의 주기적 재현과 개종이 이루어지는 이 장소들, 통합의 이 장소들을 장식하는 데 특별한 정성을 기울였다. 사실 세례당은 기독교의 승리를 나타내는 찬란한 상징물이었다.

본래 유일신을 믿는 종교들은 우상공포증이 있다. 유일신은 형상화되지 않기 때문이다. 그의 존재는 기호들을 통해 표시된다. 게다가 유일신 종교인 기독교는 경쟁적인 종교들의 뿌리를 뽑기 위해 전력을 다해 싸워야 했다. 중세 초기의 주교들은 옛 신들의 초상들을 부숴 버렸으며, 조각상들에 대해 불신을 나타냈다. 결국 '이교도'의 문화는 끊임없이 세력을 확장했지만 그 역시 형상화를 거부하였다. 따라서 대단위의 기념비적 조각은 사라졌고, 그것도 수세기 동안 사라져 버렸다. 그러나 기독교 교회의 지도자들이 세운 기념물들에는 남자들과 여자들의 형상들이 자리를 잡았다. 사실 교회 체제는 그것이 대체한 제국과 마찬가지로 그것이 복종시키고자 했던 군중들에게 힘을 나타내지 않을 수 없었고, 그들에게 설득력 있는 이미지들을 통해 이 힘을 보여주지 않을 수 없었다. 교회 세력 역시 자신의 교리를 전파해야만 했다. 그런데 7세기가 다가올 무렵에 교황 그레고리우스 1세는 교양 있는 자들이 텍스트를 통해 배우는 것을 읽을 줄 모르는 사람들은 이미지를 통해 배워야 한다는 확신을 갖게 되었다. 결국 특히 기독교들의 신은 인간의 모습이 되었고, 인간의 육체, 인간의 얼굴을 하게 되었다. 따라서 신을 표상하는 것이 가능하게 된 것이다. 이때부터 신의 이미지는 인간으로 구현된 신 자신이 그렇듯이 매개자가 된다. 이미지라는 이 기호는 근본적 의미에서 신격과 인격 사이의 매개 수단으로 '성사(聖事)'가 된다. 이것이 바로 서양에서 수사학과 석조 건축처럼 지중해 고대 문명의 구상 예술이 살아남은 이유이다. 그러나 그것은 무덤들 가까이로 후퇴하는 경향을 보였다. 이것이 최소한 우리가 보는 관점이다. 그리하여 중세 초기의 예술에서 대부분이 사라져 버렸다. 이 예술에서 남아 있는 것이 야기하는 음울한 인상은 그 모든 유적들이 고고학에 의해 발굴되었기 때문에 그런 것이 아닌가? 어쨌든 하나의 사실은 분명하다. 즉 새롭게 변화하는 로마 도시들의 문화, 토착인들의 기층 문화들 그리고 유입된 미개 문화들은 그 어떤 곳에서보다 죽은 자들의 숭배, 그리고 성인들이라는 그 특별한 사자(死者)들의 숭배에서 가장 밀접하게 결합되었다. 정복적인 기독교의 이 영웅들은 내세에서 영원한 삶을 살았지만, 그들의 유골은 이 지상에 쉬고 있었다. 그들이 남긴 성유물을 통해서 그들은 그들에게 헌신하는 자들을 돕고, 이들을 위해 개입하는 그 봉사 자체를 통해서 접근되고 받들어지며 제약을 받을 수 있었다. 신성한 것과 열성은 대성당의 차가운 건축물들에서보다 지하 구조물들에서 보다 나은 대접을 받았으며, 바로 그곳에 **이매진들**(imagines), 다시 말해 수호적 힘들의 귀신 같은 표상들인 유령들이 정착했다. 이 장소들에서 또한 관찰되는 것은 일루저니즘적 형상화의 집요한 퇴조이다. 이러한 퇴조는 권력의 장소들이 지중해의 원천으로부터 멀리 북부로 이동함으로써, 또 복음화가 로마 제국의 옛 국경들을 넘어서 진행됨으로써 빠르게 이루어졌다.

5세기 중엽부터 기독교는 아일랜드에 침투했다. 그보다 1백

50년 뒤에 그레고리우스 1세는 영국을 개종시키고자 전념했다. 교황청의 주도는 유럽 건설의 주요 축들 가운데 하나가 된 관계를 영국과 로마 사이에 유럽을 가로질러 확립했다. 모든 것이 로마 문화로부터 지워져 있었던 그 섬들에서 복음 전도자들은 다시 이 로마 문화를 이식시켰다. 그들은 책들을 가지고 도착했다. 이 책들은 고전 라틴어로 씌어 있었다. 그것들을 이용하기 위해서 수도사나 사제가 된 신규 개종자들은 이 언어를 외국어로서 배워야 했으며, 이로 인해 아름다운 언어 교육을 위해 로마에서 사용된 학업 방법들이 이식되지 않을 수 없었다. 골 지방에서와는 달리 백성들이 퇴화된 라틴어를 말하지 않았던 지방들에서 이 아름다운 언어는 순수성을 간직했다. 그 책들은 재복사되었다. 어떤 책들에는 인간의 형상들이 그려져 있었다. 복사자들은 이 형상들을 모방했다. 그들은 그것들을 토착예술의 추상화들과 조화시키려고 노력하면서 그들 나름대로 해석해 냈다.

도시가 없던 이들 나라들에서 교회 제도들은 수도원에 토대를 두었다. 바로 그곳에 책들·학교·이미지들, 로마 문화의 모든 반영물들이 존재했다. 지중해에 연한 동방의 사막들로부터 수도원 제도는 거칠고 금욕적이며 유랑적인 형태들로 아일랜드에 유입되었다. 여행자 수도사들은 7세기 초엽에 이 형태들을 골 지방에 확산시켰다. 그러나 같은 시기에 로마에서 보낸 전도사들은 매우 상이한 규율에 의해 지배되는 수도원들을 영국에 세웠다. 이 규율은 베네딕투스가 중부 이탈리아에서 확립했는데, 교황 그레고리우스 1세가 로마의 자신의 관저에 도입했던 것이다. 유럽 전체에 강제된 것은 이 규율 형태였다. 그것의 성공은 그것이 상류 사회의 기대에 완벽하게 부합했기 때문이다. 과연 베네딕투스 수도원은 예속 노동자들이 일구어 낸 방대한 영지에 세워진 귀족의 대(大)저택들을 닮았다. 그것은 농촌의 번영에 뿌리를 내린 부유한 시설이었고, 그곳에는 원로원의 귀족들이 은퇴했던 전원 **빌라**들에서처럼 두고 온 도시의 추억이 유지되었다. 베네딕투스 수도원은 그런 별장의 축소된 복제물이었으며, 그 자체에 폐쇄되어 있었지만 분수·공동 목욕탕 등 온갖 편의 시설들이 갖추어져 있었다. 견고한 건물들 전체는 수도원 경내인 중앙의 공간을 중심으로 배치되어 있었고, 이 공간에는 로마 광장의 것들과 유사한 기둥머리들로 장식된 주랑들이 갖추어져 있었다.

세상과 멀리 떨어져 이곳에 정착한 사람들은 개인적인 소유와 여자들과의 교접을 단념했다. 그들은 자신들이 선출한 아버지인 수도원장이 주도하는 형제애를 이루었다. 장비를 잘 갖추고 보다 용감하기 위해 풍부하게 영양을 섭취한 채 악의 힘에 대항해 결사적으로 싸우는 그들의 기능은 밤낮으로 매시간 신의 영광을 노래하는 것이었다. 그들은 민중을 위해 기도했다. 그들은 민중을 위해 은총을 빌었다. 순수하며 규율 있고 교육받은 그들은 민중과 신의 힘 사이에 있었고, 그들이 성유물을 보관하고 있는 성인들과 민중 사이에 있었는데, 부름받은 중간자들의 역할을 하였다. 이런 측면은 신앙의 이 챔피언들로 하여금 풍요로운 봉헌물들을 받게 해주고, 구원이 불안한 사회에서 막강한 힘을 간직하게 해주었다. 특히 페스트가 사막화시키고, 빈곤하게 만들고 황폐시킨 도시들로부터 서서히 멀어진 창조 능력을 간직하게 해주었다. 신에게 세계의 부를 바칠 수 있는 권력과 의무는 부지불식간에 베네딕투스 수도사들의 수중으로 넘어갔다. 이들은 그것들을 자연스럽게 떠안았다. 왜냐하면 성소를 치장하는 것은 그들에게 시편의 필요한 보완으로 보였기 때문이다. 그들은 예술 작품의 장려자들로서 고대의 전통들의 충실한 보존자들로 모습을 드러냈다. 사실 세상의 점증하는 부패에 맞서 세워진 그 은신처들, 정신적 완벽을 고요하게 추구하기 위해 채택된 학업 제도, 책들, 훌륭한 라틴어, 그리고 고전적 미학의 그 모든 잔류들은 그들의 수도원에서 가장 확실한 피난처를 찾았다. 그리하여 미래에 이루어질 모든 재탄생들의 씨앗은 7세기와 8세기에 위풍당당하고 소양 있는 베네딕투스 수도원 제도에 맡겨졌다.

하나의 유럽——그리고 하나의 유럽 예술——을 생성시킨 가장 활동적인 장인들은 이 시기에 앵글로색슨계의 수도원들에서 나왔다. 여기서 성 베네딕투스의 규율은 정착적인 안정성의 엄격한 의무를 완화시면서 약간의 수정을 거쳤다. 실제로 그곳 수도사들은 복음화 사업을 계속하고자 했고, 예전의 아일랜드인들처럼 많은 사람들이 이교도인 소수 민족들을 개종시키기 위해 대륙으로, 다시 말해 라인 강 하구의 늪지대와 게르마니아의 숲지대로 떠났다. 호전적이고 약탈적인 이들 소수 민족들은 프랑크 민족을 위협했다. 프랑크 민족의 지도자들은 소수 민족들이 기독교화되었을 때 이들을 복종시키기가 보다 수월하리라는 점을 잘 알고 있었다. 따라서 그들은 전도사들을 지원했다. 수도사들은 프랑크족의 교회가 부패했기 때문에 개혁되어야 한다고 지도자들을 설득시켰다. 그들은 우선적으로 수도원들을 공격하면서 이 교회를 야만 상태에서 구출하겠다는 사명을 띠었다. 이를 위해 그들은 성경 텍스트들의 라틴어를 이해하고자 하는 사람에게는 7개 학예 과목(수사학 · 문법 · 변증법 · 산술 · 기하 · 천문학 · 음악)의 수련이 필수적이라 판단하여 이것을 수도원들에 복원시켰다. 그리하여 섬나라들에서 수십 년 동안 고이 간직된 로마의 고전주의 유산이 골 지방으로 되돌아왔다. 이로 인해 이 유산 가운데 이 지방에 아직 살아남아 있었던 것은 매우 강력하게 활기를 되찾았다.

전통적으로 영국의 베네딕투스파 수도사들은 로마와 밀접하게 연결되어 있었다. 그들은 갈로-로마의 전통과 게르만 민족들의 전통이 풍요롭게 융합한 지역으로 가장 활기차면서도 가장 덜 진화된 프랑크족의 지방인 오스트라지[3]의 지도자들과 교황청 인사들이 동맹을 맺도록 중재했다. 교황은 롬바르디아인들에 저항하기 위해 군사적 지원이 필요했다. 754년에 그는 프랑스의 생드니에서, 메로빙거 왕조의 궁중 감독관이었다가 카롤링거 왕조의 시조가 된 프랑크족의 왕 피핀을 축성했다. 그보다 3년 앞서 앵글로색슨계의 수도사로서 마인츠의 주교직을 유지하면서 교회의 개혁과 게르만인들의 개종을 지휘했던 보니파키우스는 피핀의 육신에 신의 은총이 담긴 성유를 최초로 발라 주었다. 그렇게 해야만 했다. 왜냐하면 피핀이 대체한 메로빙거 왕조의 군주들은 게르만족 신전에 모셔진 신들의 직계였고, 이들로부터 그들의 카리스마를 획득했기 때문이다. 찬탈자인 새로운 왕으로서 그 역시 초자연적인 권력이 스며들어야 했다. 그는 《구약성서》가 묘사하고 있으며, 주교들에게 적용되었던 의례에 따라 그런 권력이 스며들도록 했다. 의례상의 그런 행동, 그런 말씀은 그를 성유의 부음을 받은 군주로, 기독교들의 신이 선택한 인물로 만들어 주었다. 유럽의 탄생은 이런 이중의 축성식으로 거슬러 올라갈 수 있을 것이다. 유럽 건설의 주역들, 교황의 권력, 골 지방을 다스린 전쟁 지도자들, 교회 제도의 앵글로색슨계 개혁자들, 보니파키우스가 최초 주교로 있었던 게르마니아의 복음 전도자들, 이 모든 이들이 그런 정치적 행위와 연관되어 있음이 드러나지 않는가? 어쨌든 유럽 예술사에서 축성식은 결정적으로 중요한 사건이다. 주교들처럼

---

3) 클로비스가 죽은 후(511년) 골 지방에 형성된 메로빙거 왕국을 말한다.

축성을 받은 왕들은 이제 스스로를 주교들의 동료들로 느꼈다. 그들은 자기 인격의 반이 교회에 속한다고 의식했으며, 이것이 그들로 하여금 자신들의 모든 힘을 신에게 봉사하는 데 바치도록 했다. 그들은 신을 영광스럽게 하고, 따라서 예술적 창조에 직접적으로 참여하는 데 그들의 모든 힘을 바쳤던 것이다. 이와 같은 예술적 창조는 더 이상 '이교의' 방식이 아니라, 교회가 수탁자가 되었던 로마 문화의 유산이 열매를 맺도록 노력하면서 이루어졌다.

더구나 축성식은 직접적으로 서로마 제국의 복원으로 이끌었다. 새로운 왕조 아래서 일종의 질서가 골 지방에 재확립되었다. 한 세기 전부터 페스트의 참화는 멈추었다. 그것이 주민들을 감소시켜 파놓은 빈 자리가 메워지고 있었다. 보다 온화해진 기후는 농업의 비약적 발전을 촉진시켰다. 피핀 이후에 그의 아들인 샤를마뉴 대제는 교황을 위해 이탈리아로 출정했고, 롬바르디아의 왕으로 칭송받았으며, 군대를 피레네 산맥 너머로 이끌고 가 이슬람화된 스페인을 기독교로 재정복하는 일을 시작했다. 프랑크족 왕의 권력은 끊임없이 확대됨으로써 이제 라틴 기독교 공동체 거의 전부에 걸치게 되었다. 이 기독교 공동체가 단 한 사람의 지도자의 힘 아래 규합되어 그가 성 베드로의 계승자인 교황과 함께 이 공동체를 구원으로 이끌 수 있는 순간이 왔던 것인가? 기독교의 로마 제국의 부활이라는 그 꿈을 실현시킬 수 있는 순간이? 로마의 성직자들은 이에 대해 확신하고 있었고, 샤를마뉴 대제를 설득시키고자 노력했다. 특히 싸우고, 사냥하며 포근한 물에 목욕하기를 좋아했던 이 거친 인물은 서기 800년을 알리는 크리스마스날 교황청 대성당에서 아우구스티누스라는 이름으로 축성을 받고 찬영되었다. 그는 자신이 콘스탄티누스 대제의 계승자가 되었기에 교회와 로마 문화에 대해 동일한 책임을 져야 한다고 설득되었다. 그리하여 그는 기독교 황제들 가운데 최초 인물이 그렇게 하였던 것처럼 석조 건물들을 세우고 장식하는 사업을 벌였다.

그는 그가 보기에 기독교화된 살아 있는 제국의 가장 설득력 있고 가장 현대적인 이미지를 나타냈던 라벤나와 로마의 사람들을 보았다. 그는 자신이 동방의 황제처럼 높은 특별석에 앉아 찬양 예배를 주재하게 될 예배당을 엑스에 세우라는 임무를 십장들에게 맡긴 바 있었다. 그가 자기 조상들의 나라에 수도를 건설하고자 결정했을 때, 이 십장들은 당연히 산 비탈레 대성당과 판테온 신전에서 영감을 얻었다. 그는 로마로부터 몇몇 청동상들을 가져오게 했다. 또 자신의 주변에 조금씩 형성되는 조정에서는 그와 측근들이 교황의 주변에서 목격되었듯이 열심히 이야기하고 대화하고 회합을 가졌는데, 바로 이 조정에서 중세 기간 내내 계속 이어지게 될 르네상스들 가운데 첫번째 것이 머뭇거리며 시작되었다.

이 최초의 르네상스는 샤를마뉴 대제가 죽자 그의 아들 치하에서 확실하게 드러났는데, 그 시기는 제2단계에 접어든 교회

개혁 작업이 수도원들에서 주교구들로 확대되었을 때이다. 이 르네상스는 서프랑크족의 대머리왕 카를 2세를 중심으로 제3세대에서 눈부시게 꽃피웠다. 사실 북서부의 골 지방은 프랑크족이 지배했던 지역들 가운데 가장 비옥하였다. 그곳에는 고대 로마 전통들의 흔적들이 아직도 선명하게 남아 있었다. 라인 강가와 영국 섬들에서 온 활기찬 기여들도 있었다. 우리가 카롤링거 왕조에 속한다고 말하는 르네상스는 랭스·콩피에뉴·오를레앙 사이의 그곳에서 개화했다. 이 르네상스의 장인들은 로마 제국의 귀족 자제들이었는데, 대(大)수도원들에서 양성된 후 주교가 있는 지역에 정착했다. 그들은 고전 라틴 문학에서 상실되지 않은 것을 복사하러 이탈리아 도서관들에 사람들을 보냈고, 그리하여 완전히 파괴되기 직전 **최후의 순간에** 이 문학을 구해냈다. 모두가 이웃사촌인 그들은 끊임없는 서신 교환을 통해서, 그리고 군주가 소집하는 모임들에서 주기적으로 다시 만나야 하는 그 의무를 통해서 결집되어 동질적인 집단을 형성했다. 그들은 동일한 계획을 품고 있었다. 즉 황금 시대로 되돌아가 로마의 찬란함을 되살린다는 것이다. 그들은 자신들이 정착한 도시에서 그들의 선임자들에 의해 동로마 제국에서 시도된 작업을 재개하면서 중심 교회 주변에 건축물들을 많이 세웠다. 그들은 도시 근교의 대성당들도 재건축하도록 명령했다. 이 건물들에서 남아 있는 것은 고고학자들이 발굴한 터들밖에 거의 없기 때문에 이 시대의 위대한 예술이 기념비적으로 나타나지 않고, 지난날 게르만 민족들의 경우에서처럼 조그만 휴대 물건들에 적용되는 것처럼 나타나는가? 힘의 표시물들이나 장식물들 같은 것 말이다. 주교들과 큰 수도원들의 수도원장들은 그들이 자신들의 집에 데려와 부양한 매우 노련한 장인들로 하여금 지상의 모든 부가 압축된 것 같은 금·귀금속·크리스털이나 매우 값진 재료로 이러한 물건들을 만들게 했다. 그러한 작품들은 가정의 작업장들에서 나오면, 군주의 친구들로 이루어진 매루 한정된 세계에서 증여물이나 답례물로 잠시 유통되다가 커다란 성소들의 보고(寶庫) 속에 있는 성유물함 옆에 정착했다.

그런데 형태적인 완벽함에 대한 모든 탐구는 책으로 귀결되는 것 같다. 그런 책들은 그것들의 아름다움이 야기하는 존경심 때문에 보호받음으로써 적지않은 수량이 우리 시대까지 전해졌다. 자신의 가장 정화된 형태들에서 무엇보다도 의례와 설교의 일인 종교 의식이 중요했던 그런 기독교의 입장에서 책은 과연 특별 대우받을 만한 가치가 있었다. 왜냐하면 그것은 성막처럼 이 세계에 존재하는 신성성의 본질적인 부분을 담지하고 있었기 때문이다. 하느님의 말씀, 다시 말해 더러움으로부터 보호된 특정 라틴어로 씌어진 그 말을 간직했던 것이다. 이 말을 통해 인간들과 그들의 하느님 사이에 가장 직접적인 관계가 확립되었으며, 그 말은 탁월한 명료성을 지닌 서체로 양피지에 필사되어 우리 앞에 있다. 이 서체는 샤를마뉴 대제의 궁에 있었던 문관들이 자신들이 찬양했던 고대의 원고들이 지닌 서체를 참조하여 만들어 냈는데, 유럽 전체에 퍼졌고, 그것의 글자들은 아직도 우리의 인쇄소에서 사용하는 활자들과 같다. 책의 기술(技術)은 사적이고 은밀하며, 따라서 자유롭고 과감한 혁신에 개방된 기술이다. 이교의 고대 문화는 좋지 않은 믿음들로의 회귀를 조장하지 않을까 염려되어 오랫동안 배척되었는데, 이 이교의 고대 문화에서 온 형태들이 더할 수 없이 활력 있게 다시 나타난 것은 가장 교양 있는 사제들, 다시 말해 민중의 시선으로부터 멀리 떨어진 채 제단들 가까이 머물렀던 사제들용으로 한정된 그런 물건들에서이다. 신의 말씀을 담은 케이스인 제본을 담당하는 금은세공사들과 함께 일을 맡은 상아 세공사들은 그들의 스승들이 수집했던 콘스탄티누스 대제 시대의 선배들 작품들을 모델로 삼을 것을 권유받았다. 바로 여기서 부조, 즉 진정한 조각이 다시 나타난다. 이 조각은 다시 인간의 육체를 비례를 존중해 형상화시키는데, 때로는 부드러움까지 드러낸다. 한편 황제들이나 복음서 저자들의 초상화, 상상의 건축물들을 배경으로 책 내부에 그려넣기 위해 화가들 역시 생명·운동·깊이의 환상을 부여할 수 있는 방법들을 고대 로마의 예술가들로부터 빌렸다.

카롤링거 왕조의 예술적 르네상스가 절정에 달했던 9세기 중엽 바로 그때에 라틴 기독교 공동체는 다시 한번 침략자들에 의해 혹독하게 시달리는 상황에 처했다. 이번에는 그보다 4백 년 앞서 이루어진 민족들의 대이동 같은 것이 아니라 약탈이었다. 공격은 사방에서 왔다. 남쪽을 보면, 한편으로 이베리아 반도에서 이슬람의 퇴각이 시작되었는데, 이슬람교도 모험가들은 조금씩 시칠리아를 점령하고 있었다. 다른 모험가들은 프로방스 지방의 해안에 정착해 알프스의 통로들을 통제했다. 898년에는 동쪽에서 헝가리 유목민들의 최초 침입, 다시 말해 중앙아시아에서 비롯된 충동에 의해 앞으로 내밀린 침입이 확인된다. 바이킹의 해적들이 아일랜드에 나타난 것이 이미 한 세기도 넘고 있었고, 그들이 골 지방의 강들을 거슬러 올라오기 시작한 것은 반세기가 되었으며, 덴마크인들이 영국을 정복하려고 시도한 것은 20년이 넘었다.

이 침입들, 유럽이 겪은 그 마지막 침입들이 야기한 피해를 최소로 축소화해서는 안 된다. 예전의 유럽은 정복적이었다. 유럽의 왕들은 전리품을 싣고 일정 시기의 원정들로부터 되돌아오곤 했고, 종속된 소수 민족들의 조공에서 신에 대한 감사로 바칠 훌륭한 봉헌물들을 떼어냈다. 제국의 성당들과 수도원들에서 성궤들의 벽면 위에서 빛났던 금, 샤를마뉴 대제는 그 금을 파노니아에서 정복했던 아바르인들의 진영에서 탈취한 바 있었다. 이제 이 금을 다른 이교도들이 탐내고 있었다. 그들은 통합되기 위해서가 아니라 보물을 약탈하기 위해서 서양에 덤벼들었다. 그들은 도시들과 수도원들을 포위했다. 그들은 그것들을 점령하고 노략질했다. 그곳에는 전통들이 뿌리내린 오래된 예술의 저장고들뿐 아니라 새로운 예술의 작업장들도 있었다. 많은 곳들이 파괴되었다. 이런 피해에 추가된 것은 권력이 집중된 장소들, 그러니까 예술적 창조의 본산들의 약탈이었다. 사실 이런 침략들의 충격은 정치적 구축물의 허약성을 드러냈다. 그것은 이 구축물을 뒤흔들었고, 균열을 냈으며, 파편화시켰다. 제국의 통일성은 결실이 풍부한 정복의 약진 속에서 재형성될 수 있었다. 방어에 몰린 제국은 곧바로 취약성들을 드러냈다. 단 한 사람의 지도자 아래 신의 백성들이 결집한 현상은 그것의 진정한 모습, 즉 지식인의 꿈에 불과한 것임을 드러냈다. 은밀하고 예측 불가능한 공격들에 저항하고, 그러기 위해서 효율적인 성채들을 구축하고 경계를 세우며, 공격자들과 협상을 하고, 역습을 감행하는 것은 어디에서나 지방 세력들의 몫이었다. 10세기에는 전쟁 지휘관들이자 큰 수도원들의 보호자들이며 동시에 지방 수호 성인의 대리인들이었던 제후들의 통치하에 지방 민족들의 자율성이 명확해지는 한편, 각각의 성을 중심으로 지휘권들의 계약 체결로 이끄는 운동이 시작되었다. 그리하여 이렇게 협소한 범주 내에서, 투쟁에 필요한 것들은 예전 예술에 할애되었던 것을 밀어내고 약탈적인 직업 전사들의 부대들을 장비를 갖추어 유지하지 않을 수 없게 만들었다.

그러나 침입들은 또한 새로움으로 단장하는 요소들이었다. 그것들은 노후한 것, 케케묵은 것, 혁신에 장애가 되는 것 가운데 상당 부분을 제거해 주었다. 또한 온갖 종류의 이전과 교환을 수월하게 해주었다. 휴전 동안에는 해적들의 진영이 거래의 장소가 되었고, 약탈자들 앞에서 달아났던 수도사들은 빈손으로 떠난 게 아니었다. 그들은 책·성유물함·전설, 시편을 노래하는 특별한 방식, 건축술을 가지고 갔으며, 그리하여 그들이 정착한 지방에 이식된 그 형태들은 지방의 것들과 혼합되어 이것들의 쇄신을 빠르게 촉진시켰다. 중세 초기 민족들의 대이동이 있던 시기에서처럼, 다른 소수 민족들이 점령한 지역들을 기독교화된 지방들과 북부와 동부에서 분리시켰던 국경들은 사라졌다. 스칸디나비아인들과 헝가리인들은 마침내 정착했다. 그들은 개종했다. 그들은 자신들의 문화적 유산, 나무를 조각하고 벽지나 부적을 장식하는 방식을 가지고 유럽 공동체 안으로 진입했다. 역사가들은 이 시기가 '암흑 시대' '철의 세기'라고 말하는 것을 중지했다. 그들은 카롤링거 시대가 시작되려 할 무렵에 최초의 징후들이 간파되는 그 비약적 성장이 단절된 것이 아니라 그 반대라는 사실에 주목한다. 그들은 침입들이 야기한 그 대단한 혼합이 이런 성장을 활성화시켰다고 생각한다. 그들이 알아차리게 된 것은 10세기가 시작된 직후에 위대한 중세 예술이 갑작스럽게 개화했는데, 이 개화를 준비했던 창조성의 요인들이 보다 활발하게 발효되었던 곳이 작센 지방처럼 피난처였던 곳과 카탈로니아나 북해 및 영불 해협의 연안들, 다시 말해 만남과 융합이 이루어진 고장들이었다는 사실이다.

960년에서 1160년

서로마 제국은 침입들이 있던 시기 동안 약화되었다. 962년에 그것은 작센 지방 종족들의 수장들의 후예이자 이교도의 침입들에 대해 저항한 보루들 가운데 하나였던 게르만인들의 왕 오토 대제를 위해 두번째로 복원되었다. 그러니까 샤를마뉴 대제 시대에 시작된 르네상스가 다시 꽃피운 곳은 제국 내에서 가장 최근에 기독교로 개종되고 예속되고 조직된 부분인 게르마니아에서였다. 이곳의 지방들은 다른 곳들보다 약탈을 덜 당했으며, 많은 성유물들이 안전하게 보관되었고, 카롤링거 왕조의 국가 골격이 보다 잘 지탱되었다.

문화적 창조의 장소들은 여전히 동일했다. 우선 제국의 궁정이었다. 궁정은 로마의 상류 사회의 관습과 미덕들을 되살리고자 하는 유사한 의지에 의해 활기를 띠었는데, 그곳에서 훗날에 궁정풍이라 불리게 된 것의 원시적 형태들이 구상되었다. 다음으로 제국의 버팀목인 주교 소재지들이다. 이 근거지들은 옛날에 그랬듯이 군주의 가까운 친척들, 혹은 군주가 궁에서 길렀던 명문 출신 자제들이 차지했다. 동일한 물건들을 만들고, 동일한 모델들에서 영감을 받으며, 동일한 방침들에 따르면서 하인같이 거주한 장인들은 동일한 길을 통해 자신들의 향태적 완벽을 추구했다. 그들의 예술은 짧은 단상들(péricopes)의 그림들에서, 그리고 제단 정면의 금은 세공에서 절정에 다다른다. 이 제단 정면에는 책의 제본에서 부조로 새겨진 형상들이 금판 위에 다시 나타난다. 그러나 이제 우리는 건축의 우위를 알아볼 수 있다. 증거들은 우리 눈앞에 아직도 서 있다. 황제가 연회를 주제한 커다란 홀들의 벽면들, 육중하고 견고하게 균형잡힌 성당들, 수도원의 대교회당들이 그러한 것들이다. 이 교회들의 정면에는 청동문들이 때때로 로마식으로 자리잡았고, 건물을 지었던 고위 성직자들은 그곳에 말없는 설교의 형태로 민중 상대의 이미지들을 배치했다. 그것들은 더 이상 판화들이나 세공한 것들이 아니었다. 그것들은 보다 잘 설득시키기 위해 3차원 공간에 확립되었다. 주요한 혁신은 공적인 조각의 그 출현이며, 이것은 동쪽으로, 다시 말해 게르마니아의 왕들이 기독교화를 지원했던 슬라브 국가들로 확대되었고, 새로운 제국에 긴밀하게 종속되어 있던 이탈리아에 다다랐다. 그러나 보물의 예술들에서 간파되는 고전주의의 소생 역시 새로운 것이다. 여기서 모델은 오토 2세가 배필을 맞이한 비잔틴에서 온다. 이 여인과 그녀의 시녀들은 몸의 장신구들과 기도용 물건들을 가져왔다. 바로 이런 길을 통해서 10세기 후반 몇십 년 동안에 걸쳐 동방 기독교에서 창조되었던 형태들의 유사물들이 독일 제국에 도달했다. 동방 기독교 역시 재탄생되고 있었고, 지중해의 고대 문명이 지닌 전통들과 형성중인 유럽의 미학 사이에서 다시 매개적 역할을 유지했다.

서기 1000년에 오토 3세는 로마 제국을 혁신하는 사업이 종결되고 있다는 것을 의미하기 위해서인 것처럼 자신의 옥좌를 영원한 도시 로마의 아벤티누스[4]에 옮겨야겠다는 발상을 했다. 상징적인 이 행동은 후속 조치가 없었다. 그러나 그것은 신기루인 다음과 같은 강박적인 꿈의 힘을 증언하고 있다. 즉 카이사르 가문의 로마를 재건설하겠다는 꿈 말이다. 사실 로마는 당시 변방적 위치에 머물고 있었다. 활기찬 세력들은 유럽의 다른 곳, 유럽의 북서쪽에 있었고, 마지막 침입들이 황폐화시키면서도 동시에 풍요롭게 해주었던 프랑스 지방들에 있었다.

사실 여기서 물질적 성장의 강력한 운동을 나타내는 가장 선명한 징후들이 모습을 드러낸다. 이 운동은 두번째 천 년의 출범 시점에서 확대되어 12세기에 그 강도가 절정에 다다른다. 무엇보다도 기근이나 집단 사망과 같은 제앙의 급격한 멈춤들이 증언하고, 연대기들이 이야기하는 그 성장의 원천에는 인구

---

4) 로마의 일곱 언덕 가운데 하나를 말한다.

의 증가가 자리잡고 있는데, 이 증가의 주요한 원동력은 아마 가정이라는 기본 단위와 소교구의 기본 단위가 공동으로 안정된 데 있을 것이다. 되찾은 고요함은 인구 증가를 촉진시켰고, 거의 전부가 시골로 된 사회에 보다 잘 적응된 정치적 구조들을 토대로 조금씩 질서도 확립되었다. 서기 1000년을 중심으로 5,60년 동안 일종의 사회 계약이 신앙의 맹세와 서약의 제시를 통해서, 특히 커다란 평화 집회들에서 체결되었던 것 같다. 지방마다 열린 이런 집회들에서는 제후들과 주교들의 호소에 따라 전체 주민들이 동의된 기율의 법칙을 존중해야 하는 성유물함들 앞에 모여들었다. 두 개의 이미지가 그럭저럭 정착되었던 시민적 도덕의 준거 구실을 했다. 하나는 신부의 권위 아래 형제들을 규합하는 성전의 이미지이고, 다른 하나는 계층 체계의 이미지이다. 후자는 가장(家長)들을 보다 방대한 가정, 다시 말해 그들이 모시는 공통의 주군의 집에 종속시키고, 영주들을 왕이나 왕자의 집에 종속시키면서 궁극적으로는 가시적 세계와 비가시적 세계 사이의 다공적 한계를 넘어서, 가장 높은 하늘에 천사들과 성인들로 구성된 전체 가족 가운데 자리잡은 아버지 하느님에 이르는 계층 체계이다. 1030년경에 북부 프랑스의 고위 성직자들은 이렇게 선언했다. 즉 인간들은 신의 기획에 따라 세 개의 범주, 곧 기도하는 사람들, 싸우는 사람들, 그리고 노동하는 사람들로 나누어지며, 화합은 봉사의 교환, 다시 말해 노동자들은 그들을 보호하는 전사들과 그들을 구원으로 이끄는 교회 종사자들을 노동을 통해 부양하는 그런 봉사의 교환에 있다는 것이다. 그런 선언에서 사실 그들 고위 성직자들이 명철한 입장에서 묘사했던 것은 그 당시에 드러났던 권력들의 배분이었으며, 영지에 토대한 정치 체제였다. 그러나 또한 그들은 그들 시대의 예술적 창조의 원동력들뿐 아니라 개화 이유들이 어디에 있는지 역사가에게 지시하고 있다. 그들은 왜 기독교 공동체가 한 연대기작가가 말하듯이, 서기 1000년의 시련들을 이긴 후 새로운 세례를 받는 것처럼 새로운 교회들의 백색옷을 입었는지 설명한다. 점점 수가 많아진 농부들은 중세 초엽 동안 버려져 있었던 토지들을 개간했고, 밀밭들을 확장하여 보다 나은 농기구를 통해 수확을 증가시켰는데, 이들 농부들에 의해 생산된 잉여적 부, 그 과잉 생산물이 전사들과 성직자들의 손에 들어간 것은 제후들 사이의 재분배 게임을 통해서였다. 성직자들은 가장 유용하다고 간주된 기능을 수행했다. 따라서 그들은 가장 방대한 부분을 배분받았으며, 이를 전능한 신에게 예술 작품의 형태로 바쳐 신의 온정을 얻는 임무를 띠었다. 그리고 11세기에 성직자 집단 내에서 신도들의 호의는 하늘의 은총을 보다 잘 끌어올 수 있다고 판단된 수도사들로 향해 있었기 때문에, 지식인들이 구상한 완전한 사회의 이론은 왜 유럽 수도원들이 11세기에 결국은 경제적 도약의 최후 수혜자들이 되었고, 따라서 예술 창조의 가장 활발한 진원지들이 되었는지 보여주고 있다.

제후의 권력, 다시 말해 각각의 제후가 노동자들이 땅에서 거두어들이는 것 가운데 일정 부분을 강탈하는 권리는 사실 왕권의 분산된 단면이었다. 9세기말 이후로 우선 유럽의 북서부에서, 다음으로 유럽 전체에서 이 왕권은 점차적으로 분산되었다. 결국 붕괴가 계속됨에 따라 왕자들·공작들·백작들·성주들은 왕권을 나누어 가졌다. 그들은 왕들처럼 축성된 것이 아니다. 그러나 그들은 자신들의 검으로 성직자들·상인들·농부들을 보호하는 임무를 신으로부터 부여받았다고 느꼈다. 왕들의 기능을 수행함으로써 그들은 동일한 의무들, 다시 말해 우선 조정을 유지하고 신하들을 성대하게 대접하며, 그들에게 혜택들을 베푸는 의무와 보물들과 인척 관계의 여인들을 풍요롭게 치장하여 과시하면서 자신들을 호화롭게 보여야 한다는 의무를 느꼈다. 과시와 관대함의 필요성은 대영주이든 소영주이든 모두로 하여금 아름다운 물건들의 창조를 최선을 다해 권장하지 않을 수 없게 만들었다. 왕이나 황제의 거처를 본뜬 각 제후의 저택은 하나의 아틀리에였다. 이곳에서 주인마님의 지도하에 여자 하인들은 실을 잣고, 직조했고, 수를 놓았다. 이들 거처들 가운데 가장 부유한 것들에서는 금은세공사들·화가들이 일을 했으며, 기사도 로망들이 묘사하는 '이미지가 있는 방들,' 다시 말해 조각상들이 있는 방들이 실제로 존재했다는 것을 받아들인다면, 아마 조각들까지 그곳에서 일을 했다 할 것이다. 봉건적 분산의 첫번째 효과는, 궁정 예술의 중심지들을 흩어지게 만든 것이었다. 그 바람에 이 예술의 화려함은 줄어들었다. 왜냐하면 샤를마뉴 대제에 필적하겠다는 꿈을 꾼 세력가들은 그에 훨씬 못미치는 수단들을 소유했기 때문이다. 이런 이유로 궁정시와 나란히 동일한 활력을 드러내며 발전했던 궁정 예술은 남아 있는 게 별로 없다. 그것의 버팀목들은 취약했다. 직물 제품들은 시간의 마모에 견디지 못했고, 기독교의 영향 때문에 값진 보석들을 넣어 지도자들을 매장했던 습관이 사라진 이후로 귀금속들은 영주가 화폐를 주조해야 할 필요성이 있을 때 녹여지는 경우를 제외하면 주기적으로 다시 손질되었다. 그러나 이 세속 예술의 희귀한 유물들이 남아 있다. 11세기 말엽에 영국에서 한 주교—백작을 위해 만들어진 바이외 '태피스트리'가 그런 것인데, 이 태피스트리는 한 성당의 보물 창고에 보관됨으로써 화를 면했다. 그런 유물들은 당시에 가장 영향력 있는 봉건 영주들이 고용했던 장인들의 뛰어난 솜씨와 시선의 날카로움을 증언하고 있다.

그러나 이들 영주들은 왕들처럼 우선 **전사들**(bellatores)이었다. 그들의 주요한 기능은 싸우는 것이었다. 따라서 영지의 점증하는 이익은 우선적으로 성들의 방어를 강화하고, 지배자와 전사들의 장비를 끊임없이 개량하는 데 이용되었다. 봉건 사회에서 군사적 지출에 동의된 우선권은 유럽 예술사에 두 가지 방식으로 반향을 일으켰다. 한편으로는 부정적이다. 왜냐하면 그것은 예술적 창조가 자양을 얻을 수 있는 자원들을 전쟁에 탕진

했기 때문이다. 다른 한편으로는 긍정적이다. 왜냐하면 기사들은 무적이 되었기 때문이다. 한때 침입자들의 희생물이었던 유럽은 기사들의 무훈에 힙입어 다시 약탈자가 되었다. 유럽은 지배를 사방으로 확대했다. 독일의 제후들은 동쪽으로 지배력을 확장하는 한편, 카탈로니아와 아키텐의 전사들, 부르고뉴와 플랑드르의 전사들은 스칸디나비아 해적들의 후손인 노르망디 전사들을 필두로 남쪽으로의 모험에 나섰다. 5세기의 먼 선조들처럼 그들은 남쪽의 지역들 쪽으로 마음이 끌렸다. 왜냐하면 그들은 이 지역들이 문화가 찬란하며 풍요로운 부를 부여받았다는 것을 알고 있었기 때문이다. 11세기 후반에 그들은 남부 이탈리아를 그리스인들에게서 빼앗았고, 시칠리아와 스페인의 상당한 부분을 이슬람교도들에게서 탈취했다. 동시에 피사와 제노바의 해병들은 티레니아 해의 지배자가 되었다. 그들은 한때 북아프리카에 기반을 잡는 데 성공하기도 했다. 베네치아의 해병들은 아드리아 해를 지배했고, 비잔틴 제국의 황제들로부터 콘스탄티노플에 강력한 상업 식민지를 설치할 수 있는 권리를 획득했다. 1095년에 교황의 호소로 동방 기독교도들을 구하고, 그리스도의 무덤을 해방시키기 위해 예루살렘을 향해 유럽의 모든 기사단을 이끌게 되는 대대적인 열광적 운동은, 철저히 무장한 채 확장을 계속하는 라틴 기독교 공동체의 그 넘치는 강력한 힘의 직접적 연장 속에 위치한다.

이와 같은 군사적 성공은 온갖 교역을 활성화시키고, 유럽을 결집시키는 데 기여했다. 스칸디나비아의 확장을 통해 북해를 중심으로 라인란트 지방과 발트 해에서 엮어진 교역망과 이탈리아 상인들에게 개방된 지중해의 공간 사이에 연결 통로가 만들어졌다. 이 연결 통로는 오래전부터 로마를 영국에 연결시킨 축을 따라 확립되었다. 그리고 플랑드르에서, 파리 근처의 생드니에서, 후에는 샹파뉴 지방에서 아름다운 계절을 따라 간격을 두고 열린 그 시장들의 활동은 증가했으며, 이 시장들에서는 남쪽의 생산물들과 북쪽의 생산물들이 교환되었고, 상업적 거래의 도구들이 개량되었다. 이슬람교도 땅에서 약탈과 게르마니아에서 은광산의 개발은 더 많은 화폐를 주조할 수 있는 재료를 얻게 해주었다. 화폐는 보다 신속하게 유통되었다. 도시들은 무기력에서 벗어났고, 사람들로 붐볐으며, 풍요롭게 되었다. 왕들·공작들, 일부 백작들은 큰 도로들과 주요 교차로들을 장악하고 있었기에 그들이 보호하는 교역자들의 금고에서 교부금을 받아낼 수 있었다. 그들은 시골 영주들을 길들이기 위해, 그리고 부서진 봉건 제도를 조금씩 재구축하기 위해 그것을 사용했다. 결국 그들 군주들은 자신들의 새로운 힘을 과시하고자 했다. 그들은 대규모 교회들을 재건축하고 장식하도록 도움을 주었고, 그곳으로 가 고위 성직자들과 수도사들이 자리한 가운데 엄숙하게 기도를 올렸다.

다른 한편으로 승리를 구가하는 전쟁은 11세기 유럽에서 예술적 창조의 활기를 북돋았다. 이탈리아의 캄파니아, 시칠리아,

그리고 재정복된 스페인에 정착한 수장들의 무리와 이들이 이 지역들의 주교 소재지들에 정착시킨 그들의 사촌들은 원주민들의 풍습을 채택했다. 그들은 정복된 군주들의 거처들에 정착했고, 이들 군주들이 유지했던 아틀리에들은 이제 그들을 위해 작업을 했다. 그들이 중도에서 맞이했던 손님들은 이제부터 그와 같은 호사 속에서 살기로 결심하고 눈이 부신 채 그들의 집으로 되돌아왔다. 그들은 그들이 선물로 받거나 예속된 도시들에서 잡은 아랍 혹은 비잔틴의 장인들에 의해 만든 몇몇 물건들을 가져왔다. 그들은 멀리까지 유통망을 지닌 상인들에게 그처럼 아름다운 물건들을 얻게 해달라고 요구했다. 그 보석 상자들, 그 천들은 모델 역할을 했다. 그것들에 의해서 보다 덜 거친 기술들과 새로운 도상적(圖像的) 테마들이 확산되었다.

영지의 지배자들은 전쟁을 좋아했다. 보다 많은 즐거움과 이익을 쟁취하면서 전쟁을 하기 위해 그들은 농업 생산의 증대와 상업의 부흥에서 비롯된 부들을 기분 좋게 희생시켰다. 그러나 그들은 그들의 구원과 그들에게 맡겨진 민중의 구원을 생각하지 않은 것이 아니다. 그들 가운데 어느 누구도 신에 대한 봉사를 게을리 하지 않았고, 무엇보다도 신처럼 보이지 않으나 보다 가까운 그 강자들, 즉 전사이자 중재인인 수호 성인들에 대한 봉사를 소홀히 하지 않았다. 매우 오래되었거나 아주 새로운 성인들은 그들의 육체에서 이승에 남아 있는 것에 의해서, 다시 말해 기적이 분출하는 매우 값진 그 유해에 의해 현존하였다.

기적은 도처에 있었다. 왜냐하면 성유물들이 넘쳐났기 때문이다. 서기 1000년이 지나자 라울이라는 수도사[5]는 신의 분노가 가라앉자마자 하늘의 각별한 은혜처럼 이 성유물들이 증가하는 것을 보았다. 사실 그것들은 매우 필요했다. 위험이나 재앙이 나타나자마자 사람들은 그것들을 엄숙한 예배 행렬을 통해 이동시켰다. 그들은 서약을 하는 사람이면 그 어느 누구라도 그것들을 손에 닿게 해주었다. 그들은 그 뼈들을 조각들로 잘랐다. 진짜이든 가짜이든 성유물들은 매우 활발한 거래의 대상이 되었다. 자신들의 집에 그것들을 소유하지 않고 몸에 지니지 않은 부유층은 드물었으며, 연민의 동작들 가운데 으뜸은 신성한 것을 나타내는 그 편린들을 공경하고 보살피며 장식물로 치장하는 것이었다. 11세기에는 가장 명성이 있는 성유물들을 중심으로 예술 창조의 본질이 집중되었다. 그것들을 향해서 군주들과 그들을 따르는 기사들의 경건한 기증 행위들이 몰려들었다. 모험을 노리며 말을 달리는 데 생을 보냈던 이들에게 사실 순례보다 더 즐거운 신앙 행위는 없었다. 게다가 순례가 멀고 위험하면 그만큼 더 구원을 가져다 주었기 때문에 그것은 군사적 원정과 잘 구분이 되지 않았다. 그리하여 스페인이나 성

---

5) 라울(Glaber Raoul, 985-1050): 프랑스 부르고뉴 출신의 수도사이자 연대기작가이다.

지에서 이교도들과 싸웠던 전사들은 우선적으로 콤포스텔라의 성 야고보 무덤이나 예루살렘의 예수 무덤을 방문하겠다는 의도로 전진했다. 그들은 성유물로 유명한 성소들을 하나하나 방문하면서 무리지어 먼 길을 나아갔다. 그들을 항상 수행했던 교회의 성직자들은 그들이 보았던 기념물들, 장식들에 대한 추억, 그리고 그들에게 깊은 인상을 남긴 형태들을 재현하겠다는 욕망을 품고 여행에서 돌아왔다. 그리하여 순례가 누렸던 그 호의를 통해 부분적으로 설명되는 것은 기독교 공동체 전체에 흩어져 있었던 예술 작품들을 결합하는 유사한 특징들과 유럽의 고급 문화 사이의 동질성이다.

그러나 죽은 자들, 곧 성인들과 신은 기본적으로 이 땅에서 찬송되고, 향불과 등화로 찬양되는 영속적인 대상이 되기를 기다렸다. 따라서 군사력을 지닌 자들은 더없이 대단한 군주들이 둘러싸였던 것들보다 더 화려한 예배식들을 자신들의 명예를 위해 거행하는 것이 필수적이라 판단했으며, 그 시대의 사회는 주의 깊은 봉사자들로 넘치는 팀들을 그들에게 파견하여 모든 예배 장소들 가까이 정착토록 했다. 왜냐하면 예배식이 이루는 봉헌물이 잘 받아들여지기 위해서는 성무일과를 집행하는 성직자들이 순수하여야만 했기 때문이다. 베네딕트파 수도사들은 다른 모든 사람들보다 더 순수했다. 왜냐하면 그들의 가족은 그들이 아주 어렸을 때 수도원에 데려다 놓았기 때문이다. 그런 이유로 그들은 더 순결함을 유지했고, 그들의 선언에 따르면 지상의 훌륭한 것들 가운데 가장 높은 경지에 이르게 해주는 상태를 지니고 있었다. 그들은 천사들과 직접적인 교신 상태에 있기 때문에 그 어느 누구보다 천상의 성가대와 일치하여 전능한 신을 향한 찬송을 보다 잘 부르고, 신의 은총을 보다 잘 얻어낼 수 있다고 판단되었다.

그러니까 전쟁 지도자들은 이런 수도원 공동체들이 필요로 하는 것들을 제공해 주고, 그것들이 더러워지지 않도록 배려하며, 규율이 제대로 지켜지지 않는 수도원들은 개혁하고, 그것들의 필수적인 기능을 끊임없이 보다 잘 수행할 수 있도록 도와 주어야 할 의무가 있다고 생각했다. 그들은 이 공동체들을 위해 성유물들을 확보했다. 그들은 그 기도의 성전들에 묻어 줄 것을 요구했는데, 이는 그 성전들에 쏟아지는 은총에서 자신들의 몫을 간직하기 위해서였다. 죽어가면서, 혹은 위험한 순례를 떠날 때 그들은 자신들이 소유했던 물건들 가운데 가장 값진 것들을 그곳에 맡겼다. 그리하여 기독교가 봉헌과 반대 급부의 형태로 인간과 신의 관계를 아직도 간직했던 11세기에 지상의 사치 가운데 주요 부분은 결국 천국의 대기실인 수도원들로 몰려들었다. 왜냐하면 사실 지상권의 주요 부분은 백성과 선의 세력들 사이에 필수 불가결한 중개자들로서 이 지상에 살고 있었던 사람들이 장악하고 있었기 때문이다. 수도사들은 잘 관리되고 끊임없이 확장되는 번영된 영지들의 선두에 서 있었고, 자신들을 위해 성인들의 가호를 특별히 빌어주기를 바라는 부유층 혹은 빈곤층 순례자들이 바치는 헌납에 완전히 만족한 상태에 있었다. 그들은 성장의 과실 가운데 가장 중요한 부분이 자신들의 손에 들어오는 것을 보았다. 그 가운데 가장 큰 몫을 신의 영광에 바쳤다. 그들은 예배 장소들을 끊임없이 보다 화려하게 만들기 위해 그것을 사용했다.

봉건 시대에 절대 권력의 분산화는 수도원들을 증가시켰다. 모든 영주는 수단을 갖추자마자 자신과 백성의 정신적 필요를 위해 수도원들을 설립했다. 그것은 성(城)의 당연한 보조물이었고, 또 다른 성채와 같았으며, 보다 단단하고 보다 값지게 건축되었다. 왜냐하면 그것은 훨씬 더 유용하다고 생각되었기 때문이다. 이들 성전들 가운데 어떤 것들은 수녀들을 수용하고 있었다. 또 양가집 규수들은 그곳에서 교육을 받았고, 과부들이 은거했다. 그러나 거의 모든 수도원들은 남자들이 차지하고 있었고, 그들의 기도는 고통받는 영혼들을 내세에서 돕는 데 훨씬 효과적이라 판단되었다. 그곳에 설립자와 그 신하들의 조상들이 죽음을 넘어서 결집되어 안장되어 있었다. 그들의 살아 있는 후손들이 엄숙한 궁정에 모여 있듯이 말이다. 그들 수도원들은 영지들처럼 온갖 규모들이 되어 있었다. 어떤 것들은 엄청나게 부자였고, 또 어떤 것들은 궁핍했다. 그들 각각은 그 나름의 역사에 대한 기억을 조심스럽게 간직하고 있었고, 무언가 특별한 습관들을 통해 구분되고자 했다. 권리들 및 우선권과 관련해 불화들이 있었기 때문에 그것들은 흔히 이웃 수도원들과 대립했다. 그러나 그것들은 유럽 전체에 확산된 폭넓은 형제애를 형성하고 있었다. 그래서 우리는 기독교 공동체 내에서 맺어진 특별한 동맹들과 매우 긴밀한 그 연결망 전체를 고려하지 않고는 건축·조각·회화의 방식들이 참으로 유연하고 신속하게 공동체에 보급되었다는 것도, 그것들의 보급이 모종의 방향이 잡혀 있었다는 것도 이해할 수 없을 것이다. 물론 어떤 유대 관계들은 순례의 같은 길에 위치한 성전들을 자연스럽게 결합했다. 보다 긴밀한 다른 관계들은 예전에 동일 개혁자에 의해 이탈이 교정된 수도원들을 결합했다. 다른 곳에서는 모(母)수도원과 이 수도원의 수도사들이 씨를 뿌렸던 소수도원들 사이의 직계 관계가 있었다. 그리하여 수도회들이 형성되었다. 이 수도회들로 생산 수단들이 집중되었다. 이 수단들이 예전에는 왕들의 손에 집중되었던 것처럼 말이다. 이 방대한 조직들은 11세기의 예술적 도약을 주는 활력소들이었다.

최초의 역할은 가장 활기찼던 클뤼니 수도회에 떨어졌다. 다양한 이유들로 인해 이 수도회는 혁신 운동, 다시 말해 고전적인 고대의 미학 원리들에 신속하게 되돌아가면서 오토 왕조의 르네상스, 카롤링거 왕조의 르네상스를 연장하게 만들었던 그 혁신 운동의 선두에 서게 되었다. 우선적인 사실은 이 수도회에 가입한 수도원들이 대부분 유럽의 반을 차지하는 남부에, 다시 말해 로마가 오랜 존재의 흔적을 가장 명백하게 남겼던 지방들에 위치한다는 점이다. 이 지방들에서 도시들은 결코 완전히는 죽지 않았고, 이슬람을 물리치고 재정복한 지방들과의 접촉에 따른 거래의 부흥을 통해 다시 활성화되어 가장 먼저 되살아났는데, 그런 도시들 안에서 로마 제국이 세워 놓았던 기념물들은 권위 있는 건축과 장식의 설득력 있는 사례들을 제시했다. 또 이 지방들에서는 귀족 계급이 로마 원로원 가문들의 후손이라는 데 자부심이 대단했고, 마지막으로 농촌에 사는 민중들은 후원 세력가들의 초상화들을 남몰래 공경하는 일을 결코 멈추지 않았다. 게다가 클뤼니 수도원은 설립된 이래로 로마 교회와 물질적으로 결합되어 있었다. 클뤼니는 게르만의 황제들과 긴밀한 관계를 유지했다. 예컨대 하인리히 2세는 즉위한 후 이 수도원에 자신의 권력을 나타내는 상징물들을 기탁했다. 그런 관계는 차례로 큰 수도원의 사제들로 하여금 이번에는 영광된 그리스도 재림의 전망 속에서 신비적 형태로 되살아난 **제국**(imperium)의 지휘를 책임지는 꿈을 꾸도록 부추겼다. 결국 클뤼니에서 성 베네딕투스의 규율은 수도사들의 모든 활동을 예배식에 집중시키도록 변화되었다. 수도사들은 시간의 대부분을 동일한 목소리로 노래하는 데 보냈다. 그들이 시편을 낭독하기 위해 모였던 건물, 그들의 예배 행렬이 구성하는 매우 완만한 그런 종류의 춤의 형상들이 펼쳐졌던 그 건물이 그리스도 재림의 예고처럼 나타나고, 천국의 예루살렘이 지닌 찬란함을 이 지상에 반영한다는 것은 그들이 볼 때 적합하였다. 그들은 이를 위해서라면 아무것도 아끼지 않았으며, 성소들에 귀금속들과 조명들, 요컨대 그들의 기도실 내부를 번쩍거리게 만들 수 있는 모든 것을 수집해 놓았다. 11세기의 유럽 어느곳에서도 하느님에게 봉헌하는 예배식을 화려하게 치장하겠다는 의도가 그처럼 단호하지 못했다.

클뤼니의 수도사들은 자신들이 로마와 로마 제국에 연결되어 있다고 느꼈기 때문에, 특히 고대 예술에서 그들의 눈앞에 남아 있는 것으로부터 그와 같은 장식의 모델들을 끌어냈다. 수도원 교회를 재건축하기 위해 수도원장 오딜롱은 프로방스 지방으로부터 부르고뉴까지 로마의 기둥들을 아주 힘들게 가져오게 했다. 또 그를 계승한 위그가 모(母)수도원에 모인 4, 5백 명의 수도사들의 이동을 수용할 수 있는 훨씬 방대한 건물을 짓기 위해 전혀 새것인 이 교회를 부수도록 결정했을 때, 그가 원했던 것은 시편 낭송의 전문가이자 수의 조화를 추구하고 그 거대한 건물의 균형잡힌 비례를 계산하는 임무를 띤 수도사가 내부의 건축 장식을 구상하고 채광들을 배치하기 전에 고대 로마의 기념물들을 주의 깊게 관찰하는 것이었다. 그 시대에는 이 기념물들의 전면에 조각된 장식들에서 남아 있는 것을 찬양하는 것을 더 이상 자제하지 않았다. 또한 클뤼니 수도회의 지도자들, 그리고 이 수도원의 영향을 받은 수도원들의 지도자들은 11세기의 그 마지막 몇십 년 동안 새로운 교회들의 입구에 위대한 구상적(具象的) 조각물을 과감하게 새겨 나타나도록 했다.

이는 오랜 세월 동안의 강력한 정신적 저항에 대한 승리였다. 그보다 60년 앞서 북부 골 지방에서 온 매우 교양 있는 베르나르라는 인물은 앙제의 성당 부속 학교장이었는데, 그가 오리야크에 도착하여 한 성인의 조각상 앞에 섰을 때, 농부들이 이 우상 앞에 엎드린 채 매우 노련한 조각가에 의해 얼굴이 새겨진 보이지 않는 인물과 시선을 통해 소통하는 모습을 보고는 분노했다. 그가 볼 때 이런 짓은 뿌리 깊은 미신을 나타내는 것이고, 고대의 신들에 대한 영속적인 숭배라는 것이다. 그가 자신의 분노에 찬 놀라움에 대해 이야기하는 내용은 당시 지식인들의 정신 안에서 조형 예술의 재출현에 대립했던 장애물들을 매우 분명하게 드러내고 있다. 그는 이렇게 쓰고 있다. "유일하고 전능하며 진실한 하느님에게 올바른 예배를 드려야 할 곳에 십자가의 주님(예수, 곧 육화된, 따라서 형상화할 수 있는 하느님)을 제외하고는 석고 · 목재 · 금속의 조상들을 만드는 것은 나쁘고 터무니없다고 생각된다. 주님의 수난에 대한 기억을 유지하기 위해 끌이나 붓으로 그런 이미지를 경건하게 만드는 것은 가톨릭 교회가 허용해야 한다. 그러나 성인들에 대한 추억에 대해선 인간의 눈은 그것을 진실한 이야기들 속에서, 혹은 어두운 빛깔로 벽에 그려진 형상들 속에서만 관조해야 한다." 엄밀하게 말해 회화 속에서만 가능하지만 신중해야 한다는 것이다. 어떠한 경우에도 부조물은 안 된다는 것이다.

사실을 말하자면, 그후 며칠이 지난 후 베르나르는 콩크에서 성녀 푸아의 성유물함 구실을 하는 조각상, 매혹적인 우상인 그 조각상 앞에 섰을 때 자신의 망설임이 헛됨을 인정했다. 사실 가톨릭 교회는 이교에 대하여 점점 더 자신감을 느꼈고, 그리하여 많은 사람들은 앙제의 교장과 더불어 부조 이미지들을 더이상 그렇게 두려워하지 않는 데 익숙하게 되었다. 이윽고 그런 이미지들은 대성당들의 외부 벽에 자리잡았다. 신도가 그럴 만한 자격이 있을 경우 육신의 세계를 버리고 그 준(準)천상의 다른 세계, 즉 예배 공간에 들어가는 문지방인 그 장소에 말이다. 이 과도적인 장소에 로마 제국의 도시들이 옛날에 치장했던 개선문의 모사품 같은 것이 세워졌다. 수도사들은 그곳에 멋진 기호, 통과 기호를 돌에 새겨 놓았다. 그들은 이미지를 조각하는 자들에게 그리스도의 승천 장면이나 그리스도가 지상에 재림하여 산 자들과 죽은 자들을 심판하는 장면을 재현하라고 명령했다. 화가들이 오래전부터 복음서들과 《요한계시록》의 텍스트에 삽화를 넣으면서 경전들 안에다 했던 것처럼 말이다. 순례자들이 성유물들에 경배하기 위해 들어왔던 교회들에서 이러한 초상은 노천에 직접적으로 백성의 눈앞에 제시되었다. 보다 덜 개방적인 대성당들에서 그것은 현관 홀이 구성하는 일종의 감실 안에 나타났다. 겨우 반세기 만에 신성화된 위대한 공개적 조각물은 남부 골 지방에 침투했고, 마침내 루아르 강 북부에서 받아들여졌다.

생드니 수도원은 프랑크족의 왕 다고베르트에 의해 설립되었고, 대머리왕 카를 2세에 의해 풍요로워졌으며, 카페 왕조 왕들의 특별한 배려를 받았다. 그런데 1130년경에 그곳의 원장 쉬제는 오래된 대예배당 입구에 기념비적인 현관을 세우려는 결심을 했다. 클뤼니 수도원 사람들처럼 쉬제도 세계의 모든 사치는 예배의 화려함을 드높이러 와야 한다고 확신했다. 그 역시 군주제의 충실한 봉사자였다. 그는 신을 공경함과 동시에 군주제도 공경하고자 했으며, 그리하여 새로운 궁정 예술의 창안자가 되고자 했다. 그가 카롤링거 왕조를 원천으로 삼아 구상한 계획은, 제국의 보물들에 속하는 물건들을 치장하는 칠보와 보석 장식을 후진의 스테인드글라스에 옮겨 놓는 것이었다. 뿐만 아니라 그가 봉건적 관계를 통해서 왕국의 남부 지방들을 왕권에 보다 견고하게 붙들어매려고 애썼을 때, 그는 부르고뉴와 아키텐의 수도원들의 정면에서 이미지가 다루어지는 새로운 방식들을 일드프랑스(파리 인근 지방)에 이식시키는 것이 좋다고 생각했다. 그는 이 지방들에서 그를 매혹시켰던 장식 프로그램을 책임지고 수용했다. 그리고 그것을 확대했다. 그는 정면 현관을 둘러싸는 석조 기둥들에는 예수의 조상들의 초상을, 석조 합각머리에는 묵시록이 묘사하는 요한의 비전과 연결된 최후의 심판 장면을, 끝으로 금을 입힌 청동 문들에는 예수의 수난과 승천 장면을 조각하도록 명령했다. 그가 이와 같은 구상적 조각물 전체에 대해 직접 쓴 해설은, 당시 예술 작품의 장려자들 가운데 가장 과감한 인물들이 그것에 부여했던 기능을 완벽하게 규정하고 있다. 그는 이렇게 쓰고 있다. "작품의 고귀한 명료성은 여기서 진정한 빛들을 통해서 정신들을 밝게 해주고, 예수가 진정한 문인 참된 빛으로 그들을 인도하기 위한 것이다." 그는 다음과 같이 덧붙인다. 왜냐하면 "물질에 불과한 것은 무딘 정신을 진리를 향하도록 부추기고, 이와 같은 빛을 봄으로써 정신을 최초의 타락으로부터 부활시키기 때문이다." 재료의 질을 통해서, 완벽을 통해서, 그리고 동시에 형태들의 의미를 통해서 영혼을 빛나게 하고 고양시키며, 조금씩 빛을 향해 전진하도록 돕는 것, 그는 이런 일이 교회 건물의 입구에 배치한 이미지의 역할이라고 생각했다. 그는 이 건물을 "기하학과 산술 도구들의 도움을 받아" 재건하라고 명령했는데, 이는 그것이 그것의 차원들과 크기를 통해 초자연의 숭고한 조화들과 일치하도록 하기 위한 것이었다. 이어서 쉬제가 후진을 다시 지었을 때, 그가 원했던 것은 교회의 내부 전체가 클뤼니의 교회 내부보다 더 풍부하고 생기를 주는 빛이 침투하는 것이었다. 그의 업적은 11세기 수도원 개혁들의 귀결점이다. 그러나 그것은 새로운 신학에 의거함으로써, 또 이 신학처럼 신은 빛이며 스스로를 육화시켰다는 것을 이미지와 동시에 건축적 언어를 통해서 보여줌으로써 이 개혁들을 단번에 넘어선다. 이 업적과 그의 작가가 자신의 시도를 정당화하기 위해 사용하는 말은 1110–1140년 사이에 북부 유럽에서 이루어졌던 결정적 변화들을 증언하고 있다.

물질의 비약적 발전은 더욱더 힘을 얻고 있었다. 당시는 농업이 최고도로 성공하는 시점이었다. 서양에서 그처럼 많은 빵이 반죽되고, 풍성한 포도를 압착한 적이 없었다. 그러나 또한 그 시기에 농업 생산의 잉여물과 상업적 교역의 이익이 밀려들었던 도시들은 거의 도처에서 농촌들보다 우위에 서기 시작했다. 로마가 건설한 오랜 도시들에, 이 도시들의 입구에 운집했던 근교 구역들에, 또 교역길들을 잇는 교차 지점들에서 확대되었던 새로운 밀집 지역들에 돈, 다시 말해 권력이 집중되었다. 화폐는 특히 이제 거의 모든 것이 돈으로 지불되는 세계에서 건물을 짓고, 조각하며, 금속을 벼리고, 그림을 그리며, 서비스를 재분배하는 데 필요한 것을 장인들에게 제공하는 수단이 되었다. 예술적 창조의 조건들은 지중해의 고대 로마 문명의 아름다운 시대에 갖추어졌던 조건들로 조금씩 되돌아가고 있었다. 예술적 창조는 수도원들이 흩어져 있었던 시골에서 벗어나고 있었다. 그것의 가장 활발한 중심지들은 지배 계급이 익숙하게 체류를 연장해 머무는 도시들에 결정적으로 정착되었다. 이 도시들에는 엄숙한 조정이 자리잡고 있었고, 다시 태어나면서 새로운 힘을 과시하고자 고심하는 국가의 주요 기관들이 정착하고 있었다.

도시의 주도권이 뚜렷해지는 한편, 세계를 생각하고 관찰하는 방식도 부지불식간에 변화하고 있었다. 만남의 공간들, 즉 도시 세계에서 교역자들은 외국 상품들을 전시했고, 색소들, 다시 말해 색의 영역을 보다 폭넓게 열어 주고, 특히 당시의 스테인드글라스가 매혹되었던 그 푸른색을 생산하게 해준 색소들이 세계의 저 끝에서 도착했으며, 도시의 시장에서는 거래의 흐름을 통해 눈이 천의 품질을 신속하게 판단하는 데 익숙해졌고, 사람들이 함께 모여 이야기했으며, 이방인은 사람들이 자기 멋대로 약탈할 수 있는 희생물이 더 이상 아니고 하나의 대화자였다. 이런 가운데 두 개의 정신적 태도가 강화되었다. 우선 투명하게 보고, 이해하며, 자신으로부터 벗어나고 소통하고자 하는 욕구였다. 파리에서 교육을 하고 있었던 아벨라르[6]는 이와 같은 욕구를 느꼈다. 그의 제자들은 자신들이 일단 이해하지 못한 것은 믿을 수 없다고 선언했고, 그 자신도 "우리는 신이 빛과 사랑을 주면서 우리에게 접근하는 정도 내에서 신에게 접근한다"고 확신했다. 빛에 대해선 그는 쉬제의 확신에 공감했다. 사랑에 대해선 그는 그 자신이 그것을 노래했었다. 우리가 잊지 말아야 할 것은, 그러니까 12세기 첫 4반세기에 와서야 서양이 사랑을 '창안했다'는 점이다. 성 베르나르의 사랑인 신비적 사랑과 동시에 남프랑스의 음유시인 트루바두르의 사랑인 궁정풍의 사랑을 말이다. 정신적 표상에서 두번째 변화는 가시적이고 육체적인 세계가 그렇게 나쁘지 않다는 것이며, 신을 기

---

6) 아벨라르(Pierre Abélard, 1079-1142)는 프랑스의 철학자이자 신학자이다.

쁘게 하기 위해서는 수도사들이 하는 것과는 달리 이런 세계를 피할 필요가 없다는 발견이다. 지배적 이데올로기의 완전한 반전을 통해 사람들이 확장 일로의 도시들에서, 그리고 비약적 경제 발전의 현상 앞에서 깨달은 것은 물질적인 것들이 시간에 따라 부패하도록 냉혹하게 운명지어진 것이 아니라, 그 반대로 지속적인 진보가 그것들을 끌고 간다는 것이다. 결론적으로 창조는 마감된 것이 아니라 나날이 계속하고 있으며, 인간들은 창조주로부터 세계를 완벽하게 만들기 위해 자신과 협력하고 육체와 지성을 통해 돕도록 부름을 받았다는 관념이 부각되었다. 따라서 인간들은 자연의 법칙들, 다시 말해 신의 계획을 보다 잘 아는 것이 바람직하다는 것이다.

동시에 신적인 것과의 관계도 변모되었다. 11세기 말기에 교황청은 성직 제도의 개혁을 담당했다. 수십 년 전부터 당시까지 이단으로 비난받았던 운동들 내에서 신도들은 돈과 섹스로 더러워지지 않은 성직자들을 요구했는데, 이때부터 로마의 주교(교황)와 특사들은 이들의 호소에 마침내 부응하면서 수도회 소속 교회에 이어 재속 교회를 정화하는 데 전념했다. 그들은 수뇌부에서부터 시작해 나쁜 주교들을 몰아내고, 속세의 압력에서 자신을 지킬 수 있는 보다 나은 주교들로 대체하였다. 이와 같은 정화 작업은 교회를 콘스탄티누스 치하와 오토 왕조의 구조들로 되돌아가게 했다. 주교의 직은 이 구조들의 초석이 다시 되었다. 대주교에서 교황이 된 칼리스투스 2세의 전임자들은 모두 수도사 출신으로서 수도회들에, 기본적으로 클뤼니 수도회에 의존하고 있었다. 그런데 1119년에 이 교황은 한 종교회의에서 클뤼니에 반대하는 주교들의 편을 들었다. 이처럼 원시 기독교 조직으로의 회귀는 전반적인 진보 속에 들어갔고, 도시의 재생과 당연히 시기적으로 일치했다. 사실 주교가 자신의 본거지를 둔 곳은 도시였고, 도시들로 다시 수렴되었던 번영의 흐름들은 주교의 직무에 화려함을 재부여해 주었으며, 동시에 그것들은 수도원 대교회당들을 치장하는 데 열성적이었던 아틀리에들을 도시의 교회인 성당 쪽으로 끌어들였다. 생드니의 아틀리에들은 1150년경에 샤르트르로 옮겨졌다.

그러나 이와 같은 이전 자체, 도시 성직자 집단에 비해 수도원 제도의 점진적 후퇴, 그리고 이에 따라 예술 형태들에서 변화된 측면은 의식들에서 이루어진 변화들에 훨씬 더 밀접하게, 훨씬 더 심층적으로 연결되어 있었다. 몇몇 징후로 우리가 알수 있는 것은 그것들이 1100년 이전에 시작되었다는 점이다. 이 기점 이후에 그것들은 당시 유럽 문명을 휩쓸고 있는 맹렬한 기세의 성장에 이끌려 매우 신속하게 추구되었다. 교양 있는 사람들의 관심은 《구약성서》나 《요한계시록》의 텍스트로부터 벗어난 것은 아니지만 복음서, 바울의 편지들, 사도행전의 텍스트에 보다 꾸준히 집중되는 경향을 드러냈다. 이와 같은 경향은 최초 십자군이 예수의 발자취에 자신들의 발자취를 남겼던 팔레스타인으로부터 돌아온 시기에 부각되었다. 그리스도의 인간성에 대한 성찰은 복음서의 이야기와 예루살렘 여행의 추억에서 자양을 얻어 이제 교회 사람들의 사유의 중심에 자리잡았다. 그것은 그들의 정신 속에서——그리고 구상 예술에서——신의 어머니가 차지한 자리를 확장하게 해주었다. 그들은 예수의 형상을 비현실계에서 분리해 내는 데 익숙해지고, 그의 얼굴에서 어떤 인간의 특성들을 인정하는 데 익숙해졌다. 그들 자신이 예수의 최초 제자들과 스스로를 동일시했다. 사도 생활의 모델은 최선을 다해 하느님을 섬기고자 하는 모든 사람들에게 강한 인상을 주었다.

　주교들과 성당에서 그들을 보좌하는 참사원들은 사도들의 후계자들로서 자신들의 근본적 사명이 복음을 전파하고, 풍습을 이제 막 개혁한 자신들처럼 세속인들의 품습을 개혁하며, 기독교 사회 전체를 선으로 이끄는 것이라는 점을 보다 분명하게 자각했다. 가르침을 주기 위해 그들 자신이 배워야 했고, 이런 교육을 수행하는 데 그들을 도와 줄 사람들을 양성하여야 했으며, 설교를 보다 잘 조직하여야 했고, 인간이 지닌 마음의 현실과 동기들을 보다 잘 이해하여야 했다. 목회신학의 요구 사항들은 성직자를 양성하는 성당 부속학교들의 기능을 강화시켰다. 모든 요구 사항들이 펼쳐졌다. 그러나 유통이 보다 쉬워졌으므로 보다 많이 알고자 고심하는 성직자들은 가장 훌륭한 스승들과 점점 더 많아지는 책들이 있는 도시들로 향했다. 그리하여 키케로·루카누스[7]·오비디우스와 같은 라틴어 고전들, 보이티우스 · 포르피리오스[8]와 재정복된 스페인의 도서관들에서 아랍어로부터 번역된 작가들의 철학적 텍스트들의 독서와 해설이 앞서 나갔던 특권적 도시들에서 집중적인 연구가 시작되었다. 이를 통해서 그리스 학문의 일부가 드러나기 시작했다. 학업적 훈련, 문장의 의미와 배열에 대한 공부, 엄격한 추론의 수련은 성직자들로 하여금 세계의 광경 앞에서 명철성의 욕망을 불태우게 하였다. 성당 참사원 혹은 주교가 된 후, 성당의 작업실을 이끄는 일을 맡았을 때 그들이 배웠던 것은 새로운 건물들의 설계를 보다 논리적으로 세우는 데 유용했고, 또한 그들로 하여금 구상적(具象的) 장식에서 추상과 비이성적인 면의 부분을 축소하도록 해주었다. 특히 자신들의 지식을 시각적으로 옮겨 놓는 것처럼, 읽을 줄 모르는 사람들이 볼 수 있도록 정면에 배치하기로 그들이 결정한 형상들에서 말이다. 그들은 성당 부속학교에서 현재 창조주와 피조물들 사이의 관계가 어떻게 표상되는지 민중들이 몰리는 지점인 도심 한가운데에서 설명하도록 조각가들 · 화가들에게 명령했고, 그리하여 인간이 된 신, 다시 말해 화신(化身)을 통해 우리 각자와 유사하게 된 신의 이미지를 나타내고, 신이 인간들 가운데 일상에서 살았던 것처럼 인간과 가깝고 모방할 수 있는 신의 모습을 보여주라고 명령했다.

---

7) 루카누스(Marcus Annaeus Lucanus, 39-65): 세네카의 조카로 네로 황제의 철학자이자 동료였다.

8) 포르피리오스(Porphyrios, 234-305): 신플라톤학파의 철학자이다.

예수는 자신의 말에 경청하는 사람들에게 의례적 행위들에 더 이상 만족하지 말고, 그가 말한 단순한 가르침들에 행동을 일치시킴으로써 자신들을 구원하라고 호소했었다. 새로운 목회 신학은 기독교가 점점 더 내면화되도록 했다. 신도들은 자신들의 죄로부터 해방되기 위해서 고해신부에게 그것을 고백하고, 그리하여 자신 안에서 보다 분명하게 보도록 고무되었다. 기도와 자선을 통해서 신과 개인적으로 접근하라는 것이다. 자기 영혼을 돌보는 일을 더 이상 매개물들에 의지해 떠넘겨서는 안 된다는 것이다. 그들은 대속(代贖)이 성유물의 기적적인 힘을 통해 얻어지는 것이 아니라, 마리아 마들렌이 예를 보여주었듯이 그 사랑을 통해서, 그 고해성사를 통해서, 개인적 체념과 노력을 통해서 얻어진다고 교육을 받았다. 이는 수도사들이 수행했던 기능을 문제삼는 것이고, 수도원들이 그토록 혜택을 누렸던 헌납을 줄이도록 고무시키는 것이었다. 그리하여 수도원의 예술은 그것이 지닌 수단들 사운데 상당 부분을 상실했다.

그러나 12세기는 아직 수도사들 없이 지낼 수 없었다. 적어도 이 세기는 그들이 보다 덜 오만하고 겸손의 예와 부에 대한 멸시의 예를 보여주길 기대했다. 그런데 수도원 제도 자체가 스스로 변모했다. 그것은 주교들의 통제를 받는 것을 받아들였다. 그것 역시 기원으로 되돌아가면서 규율이 겪었던 변질들을 수정했다. 이와 같은 근원으로의 회귀는 남부 이탈리아와 동부 지중해 지방과의 관계가 긴밀해짐으로써 고무되었다. 이 지역들에서 원시적 관행은 그리스적 의식(儀式)을 따르는 공동체들 속에서 보존되고 있었다.

이와 같은 관행은 수도사들로 하여금 사막으로 은거해 완전한 금욕 속에서 살도록 강요했다. 따라서 서양에서 형성되었던 새로운 수도회들은 도시들과 도로들의 소요로부터 멀리 떨어져 고독과 침묵 속으로 퇴각했으며, 그 수도회들에 귀의하는 사람들은 모든 것을, 특히 클뤼니 수도회 수도사들이 예배 행사를 치장했던 화려함을 단념했다. 돈의 침투와 온갖 탐욕의 부상에 괴로웠던 새로운 사회는 이처럼 은둔주의와 가난을 추구하는 자들을 경배했으며, 이런 현상은 샤르트르회 수도원의 성공, 시토 수도회의 눈부신 성공을 설명한다. 시토 수도회 수도원은 수백 개나 유럽에 퍼져 나갔는데, 그것들은 모두 동일한 정신 속에서 유사한 설계에 따라, 그리고 올바름의 동일한 의지 속에서 건립되었다. 사실 이들 성전들은 클뤼니 산하 수도원들을 결집시켰던 것보다 훨씬 더 엄격한 관계에 의해 결합된 단 하나의 집단을 형성했다. 그것들은 돌로 지어진 견고한 건물들이었다. 왜냐하면 그곳에서 공동체를 이루어 살았던 수도사들은 베네딕투스의 계율이 요구하는 규범에 엄격하게 충실하고자 했기 때문이다. 그러나 그들의 금욕주의적 의도는 이 건물들에서 쓸데없는 모든 장식을 없애 버렸다. 그것들의 아름다움은 빛의 규칙적인 도정 속에서, 그리고 볼륨들의 완벽한 균형 속에서 드러나는 재료 그대로의 고귀함에 기인한다. 최초의 교부들을 모방하고, 오만을 물리치며, 허영에서 벗어나겠다는 동일한 고심, 또 신의 말씀에 보다 잘 귀기울이기 위해 외관의 환상에서 멀어지 겠다는 의지는 그런 것들의 이미지들을 추방하지 않을 수 없게 만들었다. 시토 수도회 수도사들은 이 이미지들이 가난한 자들 의 교육에는 유용하다고 판단했다. 그들 자신들로 말하면, 성 령과의 완전한 융합을 집요하게 추구하는 방향으로 나아감으로 써 그것들을 거부함과 아울러 원시 교회의 신도들과 서기 1000 년의 이단자들이 모든 형상화에 가한 단죄를 재개했다.

1160년에서 1320년

13세기에 유럽은 여전히 확장을 계속한다. 북부의 끝에서는 기독교가 마지막 남은 이교도 소수 민족들 속으로 서서히 침투하고 있다. 이베리아 반도에서는 이주민들이 이슬람의 지배로부터 벗어난 공간들을 다시 채우고 있다. 플랑드르 지방들, 라인 강 계곡·프랑켄·바이에른에서 출발한 다른 이주자들은 슬라브족 군주들의 지배를 받는 동쪽의 영토들, 대부분 비어 있는 그 영토들을 식민지화하고 있다. 재정복된 스페인과 지중해의 모든 동부 지방에서 성전(聖戰)에 의해 정당화된 약탈 행위들이 평화로운 교역들과 여전히 교대하고 있다. 십자군이 1204년 콘스탄티노플의 약탈에서 가져온 많은 성유물들과 장식물들이 예술적 형태들의 변화에 준 영향은 아말피와 베네치아의 교역 상인들이 가벼운 화물로 수입했던 값진 물건들이 수세기 동안 준 것보다 더 강력했고, 어쨌거나 더 갑작스러웠다. 그러나 교역은 이제부터 노략질보다 단호하게 우위에 서는 한편, 항해술과 신용 대출의 기술들이 개선되고 사업을 하는 그 '회사들'의 활동이 강화된다. 이런 사업에서 비슷한 동류들은 상업적 혹은 금융상의 모험을 하기 위해 자신들의 재산과 용기를 공동으로 투자한다. 전도사들과 지식인들에게 길을 트는 사람들은 이제 전사들이 아니라 상인들이다. 지식인들은 키프로스와 근동 지방을 중심으로 자리잡고 철학자들의 그리스어 책들과, 대수학자들과 우주형상지 학자들의 아랍어 책들을 직접적으로 번역했다. 해상 교역의 가장 활발한 전진 기지들부터, 크리미아 반도와 아조프 해[9]로부터, 트라브존[10]으로부터——대양을 향한 스페인과 포르투갈의 항구들이 그렇듯이——유럽의 확장은 이제 옛 세계의 경계를 넘어서고 있다. 1260년경에 프랑스의 왕이 예전에 몽골의 칸에 보냈던 속죄양들의 길에서, 이탈리아인들은 아시아의 깊은 곳으로 모험을 한다. 마르코 폴로와 그의 형제들은 중국까지 진출한다. 그들의 동포들 가운데 어떤 사람들은 그곳에 정착한다. 최근 베이징의 옛 성벽 잔해에서 그들의 주문에 따라 중국 조각가들이 고딕식으로 심혈을 기울여 장식한 묘석들이 발견되었다. 이들 모험가들의 매개로 일부 유럽인들은 세계의 극단들이 모두 잔인한 괴물들로 득실거리는 것은 아니라는 점과, 질서·부·행복이 기독교가 아닌 고장들에서 현명한 군주들의 통치 아래 유지될 수 있음을 알아차리기 시작

---

9) 북해 가장자리에 위치하며, 러시아 영토로 둘러싸인 바다.
10) 터키의 항구 도시.

한다.

　13세기에 유럽은 특히 사람들로 가득 찬다. 오래된 경작지들은 확대되고, 새로운 경작지들이 황무지들 가운데 형성된다. 그리하여 소통에 장애가 되었던 버려진 방대한 지역들이 흡수된다. 유럽의 농촌은 12,13세기에 창조되었다. 그때 그것은 우리가 아직도 보고 있는 모습을 띠게 되었다. 유럽 예술사에 대한 고찰을 할 때는, 풍경들이 구성하는 방대하고 다양한 이 예술 작품에 자리를 주어야 하지 않겠는가? 4,5세대에 걸친 경작자들·포도재배자들이 이 풍경들을 만들어 냈다. 그들은 지식인들이 당시에 새로운 인간에 부여했던 기능들을 무의식적으로 수행했다. 창조주의 작품을 완성하고, 에덴 동산을 개척하며, 그렇기 위해 신의 지혜가 인간 존재 속에 반영된 것인 이성의 도움을 받는 일을 말이다. 새로운 도시들의 수직적 설계는 자연을 길들이고 그것의 무성함을 줄이기 위한, 다시 말해 가시덤불을 제거하고 쓸데없는 가지들을 잘라내며 교정하기 위한 끈기 있는 노력을 증언하고 있으며, 이것을 시토 수도회 수도사들이 최초로 모델적인 개발을 하면서 시도했던 것이다. 그들의 방식은 이미지들을 조각하는 자들이 성당의 기둥머리들에서 나뭇잎들에 대한 자유로운 몽상을 단순하고 명료하며 질서잡힌 형태들로 되돌리려고 애썼던 방식이다. 자신들의 땅에 끊임없이 더 밀도 있게, 더 단단하게 뿌리내린 농부들은 13세기 중엽 몽골의 유목민들이 헝가리와 폴란드에서 부딪치게 되는 방파

제였으며, 이 방파제 덕분에 유럽은 세계에서 그런 특권을 누린 유일한 지역으로서 이제부터 파괴적인 침략들을 벗어나게 되었다.

더욱 수가 많아진 이들 농민들은 더 많이 생산했고, 그 수가 지나치게 많지는 않았기 때문에 그들의 생활 수준은 향상되었다. 그들은 모든 인간 사회들이 공유한 장식의 취향을 보다 풍요롭게 만족시킬 수 있었다. 그리하여 소교구의 많은 교회들이 다시 건축되었다. 시골의 집들은 견고한 모습을 취했고, 딸들의 결혼을 위해 준비된 열쇠 꾸러미는 보다 많은 화려함을 띠었다. 농촌 깊숙한 곳에서까지 행상인들은 장에서 조달한 외국 물건들을 팔 수 있는 고객들을 만날 수 있었다. 사실 농부들은 일손을 빌려주고 시장에서 잉여 수확물을 팔아치움으로써 벌어들인 약간의 돈을 자신들을 위해 간직할 수 있게 되었다. 감추고 꾀를 냄으로써 그들은 징세관들·사제들·중개인들·고리대금업자들의 요구들에 대처했다. 그러나 이런 요구들의 압력은 끊임없이 더 커졌고, 대부분의 돈은 도시들로 되돌아갔다. 그리하여 도시 사회에서는 화려함을 드러낼 줄 알고, 자신의 삶을 장식할 줄 알며, 예술가들에게 주문을 한다는 그 고도하게 만족감을 주는 행동을 수행할 줄 아는 사람들의 모임이 확대되었다. 여기다 덧붙여진 것이 권력층에 따라다니는 보좌진들과 기식자들이며, 귀족 저택들과 종교 기관들에 가깝게 드나드는 사람들이고, 주인의 사업을 관리하고 그의 거처에 필요품을 조달하기 위해 애쓰며 수중에 넘어오는 돈 가운데 자신들의 몫을 크게 떼어냈던 지위 높은 봉사자들이다. 이들 중요한 사람들은 자신들의 주인을 모방하고, 아내들을 주인의 아내처럼 호화롭게 치장하며, 포도주를 마시려고 애썼다. 또한 그들은 초상들을 소유하고자 했다. 단체로 결성된 그들은 자신들의 관심에 대해 논의하고, 함께 기도하기 위해 모이는 건물들을 세우고 장식하는 일을 시도했다. 13세기에서는 우리가 민중 예술이라 부를 수 있는 것의 흔적이 발견된다. 이 예술이 고위 성직자들과 군주들의 명령에 따라 보다 고급한 재료로 보다 능란한 솜씨꾼들에 의해 만들어진 것을 재산과 교양이 보다 적은 고객들, 하지만 과시욕이 강한 고객들을 위해 모방했다는 의미에서 말이다. 전반적인 여유로 인해 사회 집단 내에서 아름다운 물건의 사용이 점점 더 확산되었다. 14세기에 인적이 끊겼던 프로방스 지방 마을들의 터에서 지역의 하급 세력가들, 영주의 관료들, 소교구의 사제, 부유한 농민이 손님들 앞에서 과시했던 안달루시아풍을 모방한 그 항아리들의 잔해들이 수집되고 있다.

12세기 말엽 인간의 능력들을 탐구하고, 그것들을 분류하고자 노력했던 학자들은 그들이 '기계적'이라 부르는 것들을 7개 학예 과목(수사학 · 문법 · 변증법 · 산술 · 기하 · 천문학 · 음악) 곁에 자리잡게 했다. 아마 그들은 손으로 만든 작품들을 정신의 작품들보다 낮은 곳에 위치시켰을 것이다. 그러나 그들은 이제 기술의 놀라운 발전, 장비의 개선, 권양기 · 스프링 · 물방아 등 인간이 물질을 보다 잘 지배하도록 도와 주는 온갖 기계들의 보급뿐 아니라 수완·손재주, 자유자재한 능력의 가치를 찬양해야 할 필요성을 느꼈다. 이런 자유자재한 능력은 나무·모직·돌 혹은 금속의 모든 특성들을 이용할 줄 알고, 음악가만큼 섬세하게 빛깔들 사이에서 톤들을 구별할 줄 알며, 변증적 논쟁의 대가들만큼 우아하게 형태에 우아함을 부여하면서 그것을 기능에 정확히 조절할 줄 아는 것이다. 동시에 학자들은 육체 노동을 하는 일종의 귀족이 출현하고 있음을 확인했다. 그들은 대도시들에서 예술 작품이 실현되는 아틀리에들이 증가하는 것을 목도했다. 농업적인 개간에서 몇몇 동료들이 가장의 지도하에 일을 하다가 그렇게 했듯이, 지난 몇십 년 동안 이 생산 장소들로 군주의 하인들이 서서히 빠져나왔다. 그들은 번영했다. 그들 사이에서 노동은 극도로 분화되는 경향을 드러냈다. 사실 마무리의 완벽에 도달하겠다는 의도에서, 특정 동작들의 실행과 특정 재료의 개발에 익숙한 전문가들 사이에 제작 단계들 각각을 분배하는 것이 유용하다고 생각되었다.

이처럼 직업들의 세분화는 그다지 혁신을 조장하지 못했다. 마찬가지로 그것은 그것들 각각을 상호 보호하는 결합 조직도 조장하지 못했다. 그러한 동업조합들 내에서 지배자들은 어떠한 형태의 경쟁도 형제적 우정의 이름으로 금지되었기 때문이다. 따라서 혁신은 다른 곳에서, 다시 말해 교회 지도자들과 가장 힘 있는 영주들이 주문한 물건이 제작되는 일정 기간 동안 자신들의 가족에 통합하여 봉사시켰던 작업자들의 아틀리에들에서 솟아올랐다. 그후에 기업주는 또 다른 주인의 집으로 이동했다. 물론 이런 종류의 팀들이 가장 능란했다. 그것들은 새로운 방법들, 새로운 형식들을 노리면서 그것들 사이에 경쟁했다. 비야르 드 오네쿠르[11]――그는 건축가인가, 금은세공사인가? 아마 둘 다일 것이다――의 수첩은 이와 같은 호기심과 더불어 사물들에 대한 경험과 지각을 엄격한 합리성을 통해 다루려는 경향을 증언하고 있는데, 이런 경향은 논리학자들과 신학자들의 것과 유사하다. 또한 그것들이 확인해 주는 것은 토너먼트의 챔피언들처럼 명성이 자자한 가장 훌륭한 아틀리에들이 동업조합의 구속에서 해방되고 관례에서 벗어나 유럽 전역을 이동하고 다녔다는 점이다. 11세기와 12세기에 유럽 예술의 통일성을 이루게 해주는 것은 순례의 확대와 수도회들의 응집력에 의해 부분적으로 설명된다. 그리고 13세기에 그것은 십장들의 유동성에 의해 설명된다. 또한 그것을 설명하는 것은 예술품들, 소형 입상들, 보석들, 이미지들로 장식된 책들의 유동성이다. 이런 것들에 미학적 혁신들이 굴절되어 나타났으며, 가장 압도적인 작품들은 이 혁신들의 장소가 되었다. 또 그런 물건들은 이 혁신들을 전파하는 데 기여했다. 왜냐하면 그것들은 그

---

11) 비야르 드 오네쿠르(Villard de Honnecourt): 13세기 전반기에 활동한 프랑스의 조각가이자 도안가로서 30여 페이지의 원고를 남겼다.

시대에 거래의 대상이 되기 시작했기 때문이다.

유럽의 통일성과, 유럽에서 예술적 형태들의 통일성은 또한 권력의 집중이 낳은 결과였다. 3세기 동안의 해체와 봉건적 분열이 있고 난 후 교역의 활성화, 화폐 수단의 유동성, 법률적 규범의 강화, 그리고 문자의 보급은 이 통일성을 다시금 가능하게 해주었다. 그러나 세속 권력의 집중은 총체적인 것이 아니었다. 제국의 권위를 지닌 독일 왕들의 주장이 어떠하든, 또 갈색 수염의 프리드리히 1세 혹은 프리드리히 2세 같은 인물들의 실제적 힘이 어떠하든, 유일한 안내자인 황제의 지도 아래 결집한 기독교도들 전체의 이미지는 향수의 영역으로 쫓겨나 있었다. 유럽은 거대한 시장이 되었고, 이 시장에서 사상들과 행동 방식들이 상품들과 화폐처럼 손쉽게 유통되었다. 이런 시장 한가운데, 지상의 주요한 여정들이 교차하는 지점에는 물론 다른 모든 것들보다 더 방대하고 힘 있는 정치적 조직이 자리하고 있었다. 그것은 프랑스 왕국이었다. 그리하여 이 왕국의 진정한 수도가 된 파리로부터 사회 생활을 잘하고, 말을 잘하며, 예의 있게 행동하고, 명예롭게 싸우는 매너들과, 폴리포니와 건축의 조화를 통해 천상의 완벽을 가능한 한 완벽하게 나타내는 예시물들을 지상에 건설하는 방식이 서구 전역에 퍼져 나갔다. 그러나 유럽은 여전히 온갖 규모의 공국들로 분할되어 있었다. 그것들은 스스로를 견고하게 했고, 서로 질투하고 있었다. 근대 국가의 건설은 당시에 정착되고 있었던 초보적 관료제에 의지하면서 산만한 질서 속에서 시작되고 있었다.

한편 정신적 교회 권력은 완전하게 집중되고 있었다. 유럽이 13세기에 과거보다 긴밀하게 결합되어 나타나고 있다면 그것의 주요 이유는 교회 제도의 응집력 때문이다. 지난 몇십 년 동안 교회는 개혁 작업을 추구함으로써 가장 뼈대가 잘 갖추어진 왕국이 되었다. 왜냐하면 그것은 라틴어라는 유일한 언어의 사용에, 그리고 수많은 봉사자들이 받는 동일한 수련에 의거하고 있었기 때문이다. 가톨릭 교회는 기독교 공동체와 동일시되며, 이 공동체는 그리스도의 몸(집단)에 다름 아니다는 관념이 강제되어 있었다. 이 몸은 단 하나의 머리만을 지닐 수밖에 없었는데, 그것은 예수가 징벌과 용서의 권력을 넘겨준 성 베드로의 후계자인 로마의 주교(교황)였다. 신성한 것은 어디에나 있었기 때문에 '기독교 공동체 전체의 지도자이자 토대'인 교황의 권위는 교리와 도덕의 이름을 내세워 사방으로, 다시 말해 모든 왕들과 모든 왕자들의 사생활에까지, 그리고 권력을 조금이라도 지니고 있는 사람이면 누구든 그의 내면 생활에까지 비집고 들어갔다. 1198년에 자신의 대관식이 있었던 날 인노켄티우스 3세는 '지배자의 표시'인 삼중관을 쓰고 "로마 교황은 신과 인간 사이의 중간을 유지한다"고 단언했는데, 이때 그는 오토 대제, 샤를마뉴 대제, 콘스탄티누스 대제의 유산보다 훨씬 더 많은 것을 요구했다. 그리고 이런 요구를 뒷받침하기 위해 새로운 봉건법의 점증하는 엄격성을 이용함으로써 경의의 피라미드에서 정점에 자리잡고자 기도하면서, 모든 다른 군주들로 하여금 성 베드로의 신하임을 인정하라고 압력을 가했고, 성 베드로로부터 하나하나 그들의 공국을 봉토로 다시 받으라고 압박했다.

성 베드로의 유해는 로마에 안치되어 있었다. 그의 수임자인 교황은 로마의 주교였으며, 교황을 중심으로 궁정, 즉 교황청을 구성하는 추기경들 각자는 로마의 휘하 교회들 각각에서 뽑은 책임자들이었다. 그러나 13세기에 로마는 교회라는 중앙집권화된 그 국가의 수도가 아니었다. 이 국가는 수도가 없었다. 비정상적인 이 도시에는 고대의 기념물들이 가장 밀집한 곳에 거처를 마련한 전사 무리들이 끊이지 않고 전투를 벌였기 때문에 주기적으로 무질서의 희생물이 되었다. 교황의 권력은 서양 전체에 통용되었다. 당시에 만들어진 표현에 따르면 "교황 성하가 계시는 곳에 로마가 있었다." 그리고 한편으로 징세와 금융 기술은 교황과 추기경들이 교회의 넘치는 부에서 대부분의 재원을 끌어쓰기에는 아직 너무 세련되지 못했고, 다른 한편으로 시토 수도회의 엄격성을 자신들에 강제하고 있었기 때문에 그들은 자신들의 힘에 걸맞는 후원을 하지 못했다. 13세기 예술이 상기될 때 머리에 떠오르는 것은 로마도 수도원도 군주들의 궁궐도 아니다. 그것은 대성당들이다. 기독교 공동체 전체에 기념물들이 흩어져 있었던 것이다.

개혁적인 교황청이 주교직을 복원한 이래로 대성당은 교회 권력의 토대를 구성했다. 그것은 독실한 민중들을 구원으로 이끌기 위해 그들의 일체감을 실현시키는 교육 및 강제 체제의 주요 부분이었다. 그들의 의사와 상관없이 어떻게 해서든 말이다. 그 방법은 사제들이 미신이라 불렀던 아주 오래된 종교적 관행으로부터 그들을 벗어나게 하는 것이었다. 또 불안한 영혼들의 망상을 억제하고, 모든 탈선과 싸우는 것이었다. 이와 같은 체계의 골격은 정착되어 있었다. 그것은 로마 제국의 골격, 다시 말해 도시들이 각자 하나의 영토를 지배하면서 그것들 사이에 확립된 망이었다. 각각의 도시에서는 하나의 대성당이 건립되었고, 이 대성당은 자연스럽게 권력의 원천으로 나타났다. 기독교도의 의무에 대한 모든 태만을 단죄하는 법적 권력뿐 아니라 성사(聖事)를 집행하는 또 다른 신비한 권력의 원천으로 말이다.

　성사는 하나의 기호이다. 그것은 악으로부터 해방되게 해주고 영벌로부터 벗어나게 해주는 힘, 곧 은총이 내려지게 하는 의례적 동작과 말 전체를 나타낸다. 12세기에 신학자들은 성사의 수를 고정시켰고, 그것들을 효율적으로 만들어 주는 것이 무엇인지 깊이 생각했다. 모든 성사는 주교의 인격으로부터 비롯되었다. 매년 그는 손수 견진성사를 통해서 수련이 끝난 교구의 젊은 기독교도들을 성인들의 공동체 안에 편입시켰다. 그는 서품식을 통해서 휘하 성직자들을 임명했고, 자신이 다른 성사들을 보급시키는 데 돕는 보좌진들을 만들었으며, 사제들에게 차례로 은총을 전달하는 권력, 다시 말해 자신이 서품식을 통해 부여받은 그 권력을 부여했다. 그는 그들을 소교구들에 배치했는데, 이 소교구들에서 신도들은 사회 조직이 조밀해지고 인구 밀도가 농촌과 도시에서 보다 높아짐에 따라 점점 더 엄격하게 관리되고 감시되었다. 각각의 소교구에서 신부는 세례성사와 종부성사를 집전했다. 가장을 대신해서 그는 이제 부부를 결합시키는 격식적인 언어를 구사했다. 많은 망설임 끝에 결혼이 7성사 가운데 자리잡았던 것이다. 검에 축복을 내림으로써 사제들은 또 다른 통과의례, 즉 기사 서임식을 장악하였다. 그리하여 기사 제도 역시 하나의 성사로 간주되었다. 따라서 탄생에서부터 죽음까지 소교구의 개별 신자의 삶에 계속적으로 리듬을 주었던 모든 입문 의식들은 주교의 지배하에, 그리고 위임에 의해 성직자들의 지배하에 있었다. 그러나 교회가 신도들의 의식을 무겁게 통제한 것은 주로 성찬식과 고해성사를 통해서였다. 그 시대에 성찬식은 기독교의 모든 상징 체계의 중심에 자리잡게 되었는데, 이는 두려움·욕망·희망이 면병으로 향해 있었기 때문이다. 면병은 보여주면서 동시에 보호해야 하는 대상이었다. 그리하여 예술가들은 예배 장소의 내적 공간을 성찬식에 따라 조직하고, 감실·성체현시대·성체 용기의 형태들을 설치하도록 요구받았던 것이다. 고해성사는 세심한 계층 체계 내에서 죽음을 면치 못할 대죄들과 용서받을 수 있는 가벼운 죄들 사이에 엄격하게 나누어진 죄들을 고백하기 전에 그것들을 정기적으로 불안한 마음으로 꼼꼼하게 물리쳐야 하는 의무를 말한다. 1215년 제4차 라테란 공의회는 신도들이 적어도 1년에 한번씩 영성체를 해야 하고, 고해를 통해서 그것을 준비할 것을 의무화했다.

소교구의 바둑판 모양의 엄격한 배치, 그리고 신부들이 담당했던 그 영속적인 종교 재판만으로는 충분하지 않았다. 온갖 진보들이 달아오르는 상황에서 행동, 그러니까 교리의 통일성을 유지하고, 따라서 주교가 있는 사제 양성학교들에서 교육의 통일성을 유지할 필요가 있었다. 이 학교들에서 사제들은 잘 말하고, 설득적인 언어를 발견하며, 그들 자신이 탈선하지 않도록 준비되었다. 교황청에서 봉사하는 법률가들은 '전권'을 교황에게 한정하여 긴밀하게 결집한 주교단을 그의 지휘 아래 두도록 하는 한편, 하나의 계층 체계가 학교 제도 내에 도입되었다. '일반 연구'의 연수회가 설립되었고, 중앙집권화의 노력은 모든 나라의 연구자들이 교리를 뒷받침하는 연구들을 함께하는 단 하나의 중심을 구성하기에 이르렀다. 로마 교황청은 스승들과 제자들을 가까이서 감시하고자 했으며, 제자들은 기나긴 교양 과정을 마치면 신학 연구를 하게 되었다. 그러기 위해 교황청은 그들이 일종의 동업조합인 '대학'에 결집하도록 도와 주었다. 이 중심점은 파리에 고정되었다. 13세기에 기독교 공동체의 수도가 있다면, 그것은 이 도시였다. 파리에는 지식의 모든 수단들이 집중되었고, 유럽의 모든 주교들, 모든 교황들은 자신들의 직무를 수행하기 이전에 그곳에서 공부하고, 논의하며, 직접 가르치는 데 인생의 긴 세월을 보냈다. 이 도시는 개별적 이즘들이 융합하는 도가니였다. 바로 그곳에서 기도하고 사유하는 일률적 방식들이 태어났다. 또한 건축하고 장식하는 방식들도 태어났다. 사실 매우 당연한 것이지만, 미학적 연구의 아방가르드들도 신학적 연구의 아방가르드들과 긴밀한 관계 속에서 파리에 정착했다. 새로운 대성당의 작업장은 1163년에 문을 열었다. 곧바로 얼마 전부터 일드프랑스 지역의 도시들에서 일을 하고 있었던 십장들의 계획들에서 가장 과감한 것이 이 작업장으로 수렴되었다. 그리고 이 작업장과 관련해두 개의 무모하고 단호한 결정이 계속적으로 내려졌다. 하나는 1180년경에 취해진 것으로 반아치형의 걸침벽을 통해 예상보다 3분의 1 가량 더 높은 천장을 세우는 것이다. 다른 하나는 1250년경에 취해진 것으로 좌우 날개 부분의 가로회랑의 내벽에서 돌을 방대한 원화 문양으로 채색된 유리로 교체하는 것이었다. 유럽 전체가 이 형식들을 채택했다.

왜냐하면 활발한 경쟁 속에서 각각의 도시는 자신의 성당을 이웃 도시들의 성당보다 보다 찬란하고, 보다 방대하며, 보다 빛나게 만들기 위해 재건축을 시도했기 때문이다. 이런 기념물들은 도시의 긍지였다. 그것들의 개화는 도시의 번영을 증언할 뿐 아니라, 모(母)교회의 혁신을 위해 수입의 일정 부분을 헌납함으로써 속죄할 수 있다고 생각한 부자들의 나쁜 의식을 보여준다. 특히 그것은 재속 교회 지도자들의 힘과 오만을 증언하고 있다. 오늘날 우리는 당시에 작성된 설계들에서 과감하고 무절제한 것이 무엇인지 상상하기가 힘들고, 스페인의 부르고스에서 노르웨이의 트론헤임까지, 영국의 요크에서 헝가리의 페치까지, 키프로스의 니코시아와 파마구스타까지 끝없는 공사가 추구됨으로써 탕진되었던 엄청난 돈의 양을 의식하기 힘들다. 이와 같은 공사는 거의 언제나 수십 년이 걸렸다. 때때로 그것은 도중에 중단되었다. 그러나 결국 대부분의 계획들은 최소한 대다수의 경우 실현되었다. 설령 랭스에서처럼 일부 부르주아들이 지나친 부담을 더 이상 감내할 수 없다고 거부하면서 반항을 했기 때문에 잠시 공사가 중단되지 않을 수 없었다 할지라도 말이다. 성당은 도시를 형성하는 수많은 누옥들을 높은 곳에서 지배함으로써 성직자 집단이 스스로 부여받았다고 판단했던 절대 권력을 보게 해주었다. 이것이 성당의 기능들 가운데 하나, 결코 작지 않은 그런 기능이었다는 점을 증거하는 것이 다음과 같은 사실이다. 신앙과 교리의 승리를 나타내는 표시로, 프랑스 왕국의 남부에 있는 주교좌 도시들에서 북부 교회들과 유사한 교회들을 건축하기 위해 기울인 열성이 그것이다. 당시 이 왕국에서 카타리파 이단은 무력으로, 화형으로, 그리고 설교로 근절되었던 참이었다.

　주교좌 성당의 참사원들 성당의 일부를 백성에 할애했지만 제한적이었다. 왜냐하면 건축물은 그들의 소유였기 때문이다.

그것의 구조를 구상한 것은 그들이었다. 이 박식한 사람들은 차례차례 아리스토텔레스의 저술들을 발견했고, 이 저술들에 대한 아랍인들의 해설들을 발견했다. 그들은 논리적 추론의 도구들을 개선하는 데 열정적으로 전념했다. 창조는 신이 하나이듯이, 하나라고 확신한 그들은 신을 이해하기 위해 세계의 질서를 명확히 밝히는 데 전력을 기울였다. 토마스 아퀴나스는 이렇게 가르쳤다. "신의 자연은 모든 사물들이 구체적인 일관성 속에서 조화되도록 아무런 혼란이 없는 적합성에 따라 그것들을 보존하고 있다." 그리고 그후 얼마 안 가서 단테는 우주를 신과 유사하도록 만든 전체적인 형태 내에서 모든 것이 질서가 잡혀 있다고 주장했다. 자신들의 지식과 가르침을 이러한 '일관성,' 이러한 '전체적 형태' 내에서 정리하려고 고심했던 학교의 스승들은 그들이 분석과 토론이 끝났을 때, 결국 자신들이 총계(가장 높은 지점에 있는 것)라 명명했던 것을 구축했다. **수마**(Summa), 이것이 개축된 대성당들을 지칭하는 데 가장 적합하다 할 낱말들 가운데 하나이다. 이 성당들은 당시 스콜라 철학이 추구했던 통일성의 탐구를 시각적으로 투시한 것이다.

주교와 그의 참사회는 계획의 실현을 '돌의 박사'이고 '건축가'인 전문가들에게 양보했다. 이들 명칭은 그들이 개성을 뚜렷이 드러냈고, 자신들의 이름을 기념물에 과감하게 새겨넣었던 시점인 13세기 중엽에 불리기 시작했다. 그러나 성당 참사원들은 공사를 매우 세밀하게 감독했다. 이와 같은 긴밀한 협

조로 인해 성당의 형태들은 한편으로 비계 짜기와 들어올리는 메커니즘의 개선이 되었든 외장석의 제작이 되었든 기술적 진보를 반영했는데, 이런 진보의 진원지는 성채들의 작업장들을 포함하는 작업장들이었다. 다른 한편으로 그것들은 학계에서 지성이 전개되는 방식들의 진보를 반영했다. 12세기의 3기 가운데 초기에 쉬제가 생드니의 후진을 구상했을 때, 학자들은 상이한 개념적 요소들을 이미 하나의 전체 속에 통합시킬 수 있었다. 이는 문제의 상이한 여러 자료들을 해결책까지 정신 속에 간직하는 것인데, 아벨라르는 그렇게 하여 자신의 《윤리학》에서 방법의 가장 근대적인 측면들 가운데 하나를 규정했다. 학교에서 아직 특히 무엇을 사유할 것인가를 배우고 있었긴 하지만, 스승들과 제자들은 샤를 라딩이 지적하듯이, 또한 어떻게, 즉 방법을 배우고 점점 더 합리적으로 사유하는 것을 배우려고 노력했다. 뿐만 아니라 그보다 두 세대 후인 12세기의 80년대에는 성당 참사원들이 분석과 종합을 함께할 수 있고, 하나의 담론의 전체적 계획과 동시에 그 속에 각기 제자리를 잡는 논점들 각각을 형식화시킬 수 있게 되었다. 이러한 능력은 성당이라는 건축물에 내부로 들어가는 사람의 시선을 사로잡는 그 응집력, 그 반복적이고 집요한 통일성, 그 정확함, 푸가나 설계의 그 엄격성을 부여하는 데 도움을 주었다.

성당 참사회의 회원들은 이 내적 공간이 하늘을 향해 들어올려지기를 원했다. 그들이 수도사들처럼 시간시간마다 이 장소에 모두가 함께 모여 노래했던 시편처럼 말이다. 그들은 특히 이 공간이 반투명이기를 원했다. 변증법론자들과 신학자들은 광학의 법칙들을 주의 깊게 연구했다. 사실 그들은 사랑의 수레인 빛줄기가 창조된 모든 사물들 가운데 인간을 신에게 가장 밀접하게 연결시키는 것이라고 확신하고 있었다. 쉬제가 1130-1140년 사이에 수도원의 후진을 다시 지었을 때, 그는 《신비주의 신학》을 안내서로 삼았는데, 이 책은 생드니 수도원이 성유물을 간직하고 있다고 믿었던 아레오파고스인 디오니시우스[12]가 쓴 것으로 간주되었다. 디오니시우스에 따르면 신적인 것은 작열하는 중심원이며, 이로부터 모든 열정이 빛을 발하고, 또 그것을 향해서 모든 욕망은 스스로를 소진하러 되돌아간다. 따라서 쉬제는 새로운 성가대가 "중단 없는 경이로운 빛으로 찬란하게 반짝이도록" 모든 수단을 강구하라고 건축자들에게 권장했다. 13세기에 디오니시우스의 제안들은 〈요한복음〉의 서두와 결합해 로버트 그로스테스트 · 토마스 아퀴나스 · 보나벤투라와 같은 모든 신학자들의 사유에 동일한 매혹을 발휘하여 텍스트마다 반영되었다. 따라서 성당 참사원들은 성당의 칸막이 벽면들을 없앨 정도까지 그것들을 도려내고 건물을 단순한 리브들로 귀결시켜, 쉬제가 원했듯이 빛이 그 속에 '중단 없이' 확산되도록 십장들이 직업상의 모든 방법을 사용하라고 독려

---

12) 사도 바울로가 기독교로 개종시킨 아레오파고스 법정 판사인 디오니시우스를 말하며, 아테네의 최초 주교로 여겨진다.

했다. 그리고 이러한 빛이 '경이적'이 되도록 하기 위해 그들은 쉬제가 그랬던 것처럼 그것을 변화시켰다. 스테인드글라스의 매력을 통해서 말이다. 스테인드글라스에는 성인들의 '전설'과 삶이 신도들의 교화를 위해 이미지로 제시되었다. 사실 이러한 일련의 이야기들은 초자연의 찬란함을 향한 이동이고자 하는 채색된 마법인 그 영롱한 광채 속에 사라지고 용해된다. 왜냐 하면 스테인드글라스가 주고자 했던 진정한 교훈은 육체적인 것에서 정신적인 것으로의 통과와 변모라는 것이었기 때문이 다. 그것은 천국의 눈부신 울타리를 형상화했다. 그것은 관조 적 영혼으로 하여금 이 울타리를 넘어서고, 그것의 상승적 혹은 순환적 운동에 실려가도록 자신을 내맡기며, 그리하여 우주의 실체를 구성하는 신비스러운 역동적 움직임에 참여하도록 유도 한다. '피조물들의 발현'에서 토마스 아퀴나스는 "존재들이 그 들이 비롯되었던 원리와 같은 것을 향해 자신들의 목적으로 가 듯이, 되돌아간다는 사실을 통해서 순환 혹은 호흡"을 간파해 냈다. 그러한 충동을 신학자들은 자비라 명명했으며, 이 자비 를 우주의 통일성의 동인(動因)이자 동시에 교회의 힘이 의거 하는 만장일치적 신봉의 동인이라 생각했다. 13세기 중엽이 지 나자 성당들의 버팀벽들 사이에서 피어난 커다란 장미들은 그 런 충동의 전적인 의미에서의 빛나는 표상을 제시한다.

내부에서 보면 창유리에 나타나는 이미지는 끓어오르는 듯 한 빛의 발산 속에 사라질 정도까지 비물질적이 되었다. 반면에 외부에서 보면 그것은 조각된 모습을 띠어 끊임없이 더 많은 현존과 설득적 힘을 드러냈다. 이런 측면은 도시들에 있는 모(母)교회의 문 앞에서 연극의 기원이 되는 유사 예배식이 민중의 교육을 위해 거행되었던 시대에 원근화법의 기교에 의도적으로 의존함으로써 비롯된 것이다. 사실 대성당의 입안자들이 지닌 의도는 그들이 명상과 추론을 통해 접근했던 진리들을 광경으로 보여주는 것이었고, 기독교도가 행실을 바르게 하여 구원받을 수 있기 위해 해야 할 일을 보여주는 것이었다. 이미지는 정면 꼭대기까지 뒤덮고, 사제들이 통제했던 세속적 의식(儀式)들을 수용하기 위해 현관에 우묵하게 파놓은 곳에 쌓임으로써 기능을 바꾸었다. 무아삭과 베즐레의 합각머리에서, 또 샤르트르의 웅장한 정면 현관에서 그것은 비가시적인 것의 현시이고 계시였다. 그것은 교육의 도구가 됨으로써 이제 신학 대전들처럼 창조와 인간 조건의 명료하고 논리적이며 총체적인 설명을 전개했다. 그것은 기본적으로 구원의 역사를 가르쳤고, 이 역사의 계속적인 에피소드들을 이야기했다. 그러면서 그것이 이단적인 이의 제기에 대처하여 강조한 것은 그리스도의 강생, 십자가를 통한 대속, 그리스도 왕국의 초월적인 실재를 보여줌과 동시에 그리스도의 신랑인 교회, 다시 말해 그가 어머니 마리아의 외양적 모습으로 그 자신이 손수 왕관을 씌워 주는 교회의 권력을 보여주는 에피소드들이다. 광경의 모든 연출로부터 비롯되는 거리화 효과는 그와 같은 장면의 배우들, 즉

아담과 이브, 선지자들, 예수, 마리아, 사도들, 수호 성인들을 어떠한 침해도 받지 않는 다른 세계 속에 유지시켰다. 그러나 관객들을 감동시키기 위해 중요했던 것은 그들의 절도 있고 자제된 동작들이 진실되게 보여야 하고, 그들의 얼굴 표정에서 진실한 감정들이 나타나는 것이었다. 진실주의에 대한 이와 같은 염려는 벽면에서 조각된 형상들을 되찾게 하고, 따라서 기념비적 조각술을 부활시키게 했다.

13세기가 가까워질 무렵, 노트르담을 장식하기 위해 지출되는 비용을 가난한 자들에게 나누어 주는 게 낫다고 주장하는 목소리들이 겸손, 성스러운 간소함, 자비의 이름으로 파리의 성당 참사회에서 올라왔다. 당시는 남부 유럽 쪽에서, 랑그도크 지방과 이탈리아 자치 도시들에서 탁발 수도회들이 탄생하고 있던 바로 그 시기였다.

구걸하고, 더 이상 아무것도 소유하지 않으며, 보시로 살아가고, 사도들의 가난이자 도시 외곽 지역들에 밀집한 이주자들의 가난인 총체적 가난을 선택하겠다는 의도는 이단에 대한, 다시 말해 평신도들의 낙담에 대한 대응이었다. 도미니크회 회원들은 현존하는 제도의 개혁을 통해서 이러한 이단에 대응했다. 도미니크는 성당 참사원이었고 그의 동료들 역시 마찬가지였지만, 자신들의 현장에서 이단을 쳐부수고 교회가 너무 부자이고 너무 오만하다고 판단하는 수많은 비판을 누그러뜨리기 위해서 그들은 생활 방식과 성무를 수행하는 방식을 완전히 바꾸었다. 한편 프란체스코회 회원들은 일탈 분파들의 완덕자들 (카타리파가 스스로를 지칭하는 말)이 영위하는 삶보다 더 순수한 무소유의 삶을 살겠다고 나섰지만 교회의 권위는 존중했다. 아시시의 프란체스코는 평신도였고 평신도로 남았다. 팔도파의 창시자인 리옹의 피에르처럼 그는 복음에서 읽은 계율들을 엄격하게 적용하고자 했다. 차이는 피에르가 그보다 20년 앞서 교회에 의해 배척된 것과 달리 배척되지 않았다는 점이다. 왜냐하면 그는 사제들을 공경하는 일을 결코 멈추지 않았기 때문이다. 의기양양하고 빈틈없었던 교황청은 도미니크와 프란체스코를 이용하고, 체제에 통합시킬 줄 알았다. 그들이 설립한 이동 형제회들은 교리상의 통일성에 봉사하도록 편입된 수도회들이 되었다.

유사한 정신 속에서 형성된 두 수도회인 카르멜회와 아우구스티누스회 회원들과 마찬가지로 프란체스코회와 도미니크회 회원들은 독실한 사람들이었다. 그러나 그들은 수도사들이 아니었다. 그들은 세상으로부터 멀어지지 않았고, 육체적 삶이 들끓는 생생한 현실 속에, 성 베르나르가 달아났던 그 바빌론과 같은 도시들 속에 뛰어들었다. 오래된 도시들뿐만 아니라 팽창하는 모든 주거 밀집 지역들 속에 뛰어들었다. 모든 진보가 솟아오르고 부패가 오염시키는 이런 장소들에서 그들은 성직자들을 돕고, 이들과 교대하면서 민중 가운데 가장 활동적인 집단을 고해성사로 회개하도록 유도했다. 그들은 이런 일을 그저 단순히 증언하고, 예수의 제자들처럼, 그들이 상대하는 가난한 사람들처럼 행동함으로써 수행했다. 그들은 주변 사람들에게 일상 언어로 이야기하면서 그런 일을 수행했다. 학교에서 교육을 받은 도미니크회 회원들은 다분히 설득하려고 노력했고, 프란체스코회 회원들은 다분히 감동시키려고 노력했다. 그들은 우선 불도 거처도 없이 거리에서 생활했다. 그들을 장악하기 위해 보호해 주었던 추기경들이 그들에게 수도원들에 정착하라고, 그러니까 건물을 지으라고 명하였을 때 그들은 복종했지만 가난의 소명을 저버리지 않았다. 그들이 도시 구석구석에, 도시 외곽에 세웠던 교회들은 설교를 위한 것이었다. 그것들은 설교자의 연단과 신도들 사이에 아무것도 끼어들지 못하도록 내부가 탁 트인 단순한 홀이었다. 물론 교회의 정면·내부 벽·기둥에는 아무런 조각도 새겨지지 않았다. 그러나 탁발 수도회 회원들, 그리고 무엇보다도 당연히 프란체스코회 회원들은 이미지를 사용했다. 이미지, 아니 그보다 판화는 단순했고 설득적이었으며, 인상적이었다. 그것은 민중의 세계에서 선전이 항상 사용하는 이미지였다. 그들은 자신들의 설교 효과를 연장하기 위해 복음서에 담긴 드라마의 장면들, 혹은 프란체스코의 삶을 나타내는 장면들을 나란히 연쇄적으로 청중들의 눈앞에 위치시켜야 할 필요성을 느꼈다. 프란체스코는 그리스도의 성흔을 받을 정도로 그리스도와 동일시되었다. 수도회 회원들은 회화에 의

존했다. 이 예술은 보다 가볍고 비용이 덜 들기 때문이다. 그것은 이미지의 보급 확대에 보다 적합하다. 사실 형제 회원들은 이 이미지에 보조적 역할을 부여했다. 그들은 그것이 신도와 예수 사이의 직접적인 대화를 개인적으로 조장할 수 있다고 판단했다. 십자가에 못 박힌 예수는 어느 날 성 프란체스카에게 몸을 구부려 그에게 말을 하지 않았던가? 매우 효율적인 목회신학의 창안자들이었던 탁발 수도회 회원들은 성화(聖畵)의 조숙한 통속화를 가져온 주동 인물들이었다. 그들은 모든 거처들에 성화가 보급되기를 원했던 것이다.

1230년부터 그들 자신이 어디에나 나타났다. 대학을 보면, 교황의 권력은 그들이 대학을 장악하도록 도와 주었다. 군주들의 궁정을 보면, 그들의 영향으로 성 루이 왕은 자신의 생활 방식을 철저하게 바꾸었다. 도시 사회의 아주 작은 구석까지 그들이 지배했던 제3단(그들 수도회에 속하는 재속 단체)들과 평신도회들이 침투했다. 그리하여 그들은 복음서로의 회귀를 솔선수범하면서 기독교를 철저히 개혁시킬 수 있었다. 그들은 기독교를 진정으로 재창조했다. 오늘날 기독교에서 우리에게 남아 있는 것은 그들로부터 비롯된다. 그들은 철저하고 전복적인 재전환의 주역들로서 교황청을 불안하게 만들었다. 이유가 없지 않았다. 이 열성적 팀들이 전달했던 메시지 자체, 그들이 감성을 통해 영향력을 행사하고, 개인적 책임을 신뢰하는 방식, 도미니크와 프란체스코로 하여금 전통적 구조들을 교란시키도록 부추겼던 그 불복종적 씨앗이 그런 이유들이다. 이 씨앗은 휴화산처럼 졸고 있을 뿐이며, 그들을 반체제 인사들로 분류시키게 할 위험성이 있었다.

반체제 인사들은 급속도로 증가하고 있었다. 실제 신정 통치와 그것의 억압적인 의도들은 이중의 저항에 부딪치고 있었다. 가장 활발하지는 않다고 하더라도 가장 폭넓게 확산된 저항은 전체적인 번영과 지식의 보급 덕분에 힘을 얻게 된 세속 문화로부터 비롯되었다. 물론 탁발 수도회의 전도는 사회를 심층적으로 동요시켰다. 죄를 지은 사람들은 규칙적으로 고해성사를 치렀다. 그러나 정신이 보다 개방되고 양식을 갖추게 되자, 그들은 이와 같은 주기적인 고행을 통해서 자신들의 과오로부터 충분히 벗어난다고 판단했고, 그런 만큼 지상의 행복을 누릴 권리를 요구했다. 즐거움에 대한 욕구는 기사도 문화의 왕성한 개화를 통해 귀족 계층과 상류 부르주아층에서 고무되었다. 이 기사도 문화는 근본적으로 반교권적으로 프랑스의 대(大)봉건 영주들을 중심으로 형성되어 유럽의 전체 궁정들에 강력하게 유입되었다. 게다가 학교에서 스승들과 제자들은 모든 가짜 겉치레들을 공격했다. 그들은 신의 유순한 봉사자인 자연은 좋은 것이며, 따라서 이성을 지키면서 영벌을 받을까 두려워하지 않고 자연의 유혹에 빠져도 된다고 점점 더 목소리를 높여 주장했다. 쾌락의 원천들 가운데는 형태들의 아름다움이 주요한 자리를 차지했다. 13세기의 쾌락주의 중심에는 예술 작품의 점진적인 탈신성화의 씨앗이 자리하고 있다. 이 씨앗은 대규모 장식적 프로그램들의 책임자들인 결정권자들로 된 제한적 집단 내에서 신중하게 발아되기 시작했다. 그들의 대부분은 아직 경건한 교회 성직자들로서 신을 즐겁게 하는 것이 주요 관심사였다. 그렇지만 역시 그들은 조각가들 · 금은세공사들 · 화가들이 자신들을 매료시키는 데 열중하기를 기대했다. 그렇기 때문에 대성당들의 장식물들에 이르기까지 신성성을 드러내겠다는 의도는 부지불식간에 우아함과 아름다움의 추구에, 기교의 무상한 유희와 광채에 자리를 내준다.

다른 한편으로 저항은 다시 강력해진 국가로부터 왔다. 국가의 지배자들로서 특권을 탐내는 왕들과 군주들로부터 말이다. 특히 고대 로마의 시민권을 토대로 구축된 시민적 권리에 있어서 점점 더 잘 교육받고 끊임없이 수가 증가하는 국가의 봉사자들로부터 왔다. 이들은 교회의 재판권이 침투하는 것에 대해, 성직자들이 종교를 내세워 사사건건 간섭하려는 의도에 대해 집요한 싸움을 벌여 결국은 승리했다. 물론 세속 권력의 장악자들은 그들이 신과 백성들에게 무엇을 빚지고 있는지를 보다 잘 자각하고 있었다. 그들은 이단과 무신앙을 고분고분하게 쳐부수었다. 그들은 기꺼이 순례를 떠났다. 그들은 고해신부들이 자신들에게 지시한 소재(小齋)를 스스로에게 강제했다. 프란체스코의 목회신학에 제일 먼저 감동을 받은 그들은 성화들 앞에서 기도하는 데 상당한 시간을 할애했다. 군주들은 교회들을 짓고 장식하는 데 끊임없이 도움을 주었다. 특히 성당들을 말이다. 그들이 생각보다 너그럽지 못하게 보여졌을 경우, 성당들은 더욱더 높이 세워지게 되는 것이다. 그러나 그들은 신앙심의 실천에서이든 후원하는 일에서이든 더 많은 자율권을 요구했다. 따라서 그들은 아직 자신들의 거처를 장식하기 위한 것은 아니지만, 최소한 예배가 특히 그들과 그들의 가족을 위해 집전되는 장소를 위해서 점점 더 많이 지출했다. 파리에 프랑스 왕들의 궁전 안에 있는 예배당인 생트 샤펠처럼 말이다. 이 예배당은 성 루이 왕이 매우 비싼 대가를 치르고 획득한 특별한 성유물인 예수의 가시관을 맞아들이기 위해 준비된 성골함과 같은 것이다. 물론 그는 몇몇 가시들을 떼어내 여러 종교적 건축물들에 제공했다. 그러나 그는 그 성물을 자신의 거처에, 개인적인 예배실에 안치해 놓았다. 그것은 그가 이 왕국을 그리스도 왕으로부터 직접적으로 얻었다는 기호 같은 것이었다. 교회 조직에 대해 국가가 독립하려는 의지가 가장 조숙하게 예술적으로 표현된 것이 이 예배당이다. 그것은 신성하지만 가족적인 공간이다.

　이런 현상은 최소한 유럽의 지역들에서 벌어지고 있는 일인데, 군주들은 교회의 예배식에 전적으로 결부되었고, 자신들에 의해 조장되어 선출된 유순한 고위 성직자들에게 둘러싸여 살고 있었다. 남부 지방에서 저항은 보다 과감한 형태들로 나타났다. 사실 그곳에서 이단은 지지층이 보다 덜 확산되어 있지만 보다 격렬한 모습을 띠었는데, 신성한 것과 세속적인 것 사이의 구분은 이미 파리·쾰른·옥스퍼드에서보다 훨씬 더 선명하게 확립되고 있었다. 왜냐하면 그곳에서 오래전부터 성직자 집단이 충돌했던 측면은 사유하고 계약을 맺으며 신에게 호소하는 방식들에서, 그리고 도시의 풍경에 이르기까지 고대 로마 문명으로부터 물려받은 문화의 잔유물이었기 때문이다. 그러나 특히 이와 같은 로마적 유산이 라틴 기독교 공동체가 이슬람화된 지방들을 재정복한 이래로, 그리고 비잔틴 및 근동과의 관계가 강화된 이래로 아랍 문명과 유대교 전통의 기여를 통해, 또 효모 같은 그리스 문화를 통해 풍요로워졌기 때문이다. 바르셀로나·살레르노·피사·볼로냐·몽펠리에에서는 한편으로 사변의 영역과, 다른 한편으로 구체적이고 실천적인 지식들 사이에 분명한 분할이 확립되었다. 그곳에서 사람들은 우주의 숨겨진 조화들을 발견하기 위해서 뿐 아니라 회계를 보다 잘 처리하기 위해, 또 보다 유용한 정치를 펼치려는 목적에서 별자리로 점을 치기 위해 계산법과 천문학을 연구했다. 의학과 농학은 이들 도시들에서 이슬람교도 국가에서와 똑같은 지위를 누렸으며, 국가의 봉사자들이 수용한 높은 교양은 기본적으로 법·수사학·자연과학들에 의거하고 있었다. 그 결과 카스티야와 시칠리아에서는 군주들이 그들의 신앙심으로 인해 찬양되었지만,

또한 아마 우선적으로 그들의 지식 때문에, 또 정신·언어·건축의 장식물들이 물론 신에게 바쳐졌을 뿐 아니라 일정 부분 도시를 위해 바쳐졌기 때문에 찬양되었다 할 것이다.

13세기 후반에서 유럽의 강력한 힘은 서서히 이탈리아 방향으로 이동한다. 토스카나·움브리아·로마냐·롬바르디아에서, 다시 말해 로마법이 평화 제도들의 토대를 구성했던 자치 도시들에서 시민적 긍지는 기념비적 장식물을 다시 세우고, 고대 문화에서 영감을 얻은 도시 계획의 윤곽을 세우며, 광장들을 마련하고, 분수들을 장식하며, 도시의 영광을 위해 시청을 치장하도록 만들었다. 그리하여 행정관들이 세례당을 재건축하도록 결정했을 때 그것은 교회의 권력을 드높이기 위한 것이 아니라, 국가가 토대하는 조화 및 동료적 유대의 그 이상(理想)을 나타내는 상징물을 세우기 위한 것이었다. 그러나 그 어떤 곳에서도 교회의 지배에 대한 저항은 이탈리아 반도의 남쪽에서보다, 또다시 한번 복원된 신성로마 제국의 기반을 다졌던 호엔슈타우펜가의 프리드리히 1세의 왕국에서보다 더 활발하지 못했다. 프리드리히 2세가 세상 사람들을 아연케 한 것은, 그가 신의 법칙뿐 아니라 인간의 법칙들과 자연 법칙들에 대해 지식을 얻으면서 모든 믿음들에 호기심이 있었기 때문이고, 그 어떤 군주보다 격렬하게 교황에 대항했기 때문이라고 알려졌다. 마침 교황은 그가 "인간이 이성과 자연의 힘을 통해 증명될 수 없는 것은 아무것도 믿어서는 안 된다"고 주장했다고 당연하게 그를 비난했다. 프리드리히 2세는 그 사촌인 성 루이 왕만큼 시토 수도회 회원들을 존경했다. 그러나 그가 로마 제국의 개선문, 자신의 반신상, 그리고 자기 권력의 휘하에 있는 주요 장인들의 반신상을 모델로 하여 장식하고자 했던 개선문을 카푸아에 건립하려고 시도했을 때 마지막 르네상스, 곧 대(大)르네상스의 초석을 다졌다. 그가 죽은 후 겨우 반세기가 지났던 1300년에 이 르네상스의 최초 싹들이 이탈리아에서 트게 되었다. 단테의 작품에서, 피사의 조각가들의 작품들에서, 그리고 조토의 작품에서 말이다. 조토는 그의 직접적 후계자들이 말하게 되듯이 프란체스코회 회화를 그리스풍에서 라틴풍으로 되돌리고, 그렇게 함으로써 그것을 예술들 가운데 최상위에 올려 놓았다.

1320년에서 1400년

14세기의 프랑스에 대해서 역사가들은 대략적으로 어두운 묘사를 하는 경향이 있다. 실제로 그들이 이용하는 자료들이 그들에게 보여주는 것은 도처에 무질서·비참이고, 약탈하고 파괴하는 전사들이다. 그리고 당시에 왕국에 쌓인 부(富)들이 탐욕에 불을 지폈다는 것은 사실이다. 기회가 닿는 대로 모험가 무리들, 다시 말해 보다 혹독한 지역들과 우선적으로 영국에서 온 무리들은 취할 수 있는 것은 어떤 것이든 탈취하면서 말을 타고 이 나라를 휩쓸기 시작했다. 또한 사실인 것은 그칠 줄 모르는 확산된 전쟁의 부담이 농업의 후퇴에 영향을 준 지역들에 떨어졌다는 점이다. 수세기 전부터 경작 토지를 확대시켰고, 생산을 강화시켰던 그 대단한 비약은 다시 수그러들었다. 이제부터 황무지들을 희생시켜 증대되었던 것은 들판이었고, 그런데도 인구가 계속적으로 증가했기 때문에 자신들의 땅으로 더 이상 먹고 살 수 없는 농부들의 수가 증가했다. 많은 사람들이 무언가 방책을 찾을 수 있다는 희망을 품고 도시들로 떠났다. 굶주린 그들은 도시 외곽 지역에 몰려들었고, 부유한 사람들을 두렵게 만들기 시작했다. 끝으로 상업의 흐름은 군사적 불안 때문에, 특히 유통 기술이 개선됨으로써 프랑스라는 공간으로부터 벗어나고 있었다. 이런 개선은 이제부터 바다를 통해서, 혹은 스위스의 알프스를 가로질러 만들어진 길들을 통해서 이탈리아로부터 영국 · 플랑드르 · 발트 해로 상품들을 보다 수월하게 운반할 수 있도록 해주었다.

그리하여 프랑스의 대부분 지방들은 6백 년의 소강 상태가 지난 후 페스트가 1348년에 다시 나타났을 때는 매우 취약하게 되어 있었다. 제노바의 선박들은 그 이전 해에 페스트를 흑해 안쪽으로부터 시칠리아의 항구들로 옮겨다 놓았다. 유럽 거의 전체가 큰 타격을 입었다. 이 질병의 최초 공격은 무서웠다. 다른 공격들이 주기적으로 이어졌다. 1400년에 인구는 전체의 3분의 1 정도가 감소했으며, 어떤 지역들에서는 반 이상이 감소했다. 이와 같은 충격은 수많은 징후들에 의해 간파되는 혼란을 설명한다. 그것은 잔인성의 폭발, 나환자들과 유대인들의 학살, 수많은 예술 작품들에 영향을 준 비극적 악센트를 설명한다. 그것이 설명하는 것은 모든 작업장들에서의 갑작스러운 작업 중단이고, 몇몇 공사의 단념이며, 팀들의 교체 그리고 이에 따른 양식상의 단절이고, 마지막으로 취향의 현저한 쇠퇴이다. 이 쇠퇴는 예술적 창조를 지원했던 세계에 교양이 없는 새로운 사람들이 침입했기 때문이라 말할 수 있다.

그러나 지나친 비관론은 경계하는 게 좋다. 물론 프랑스 왕국은 괴로움을, 그것도 혹독하게 겪었다. 그러나 영국은 이 나라의 왕과 휘하 장수들이 대륙에서 벌였던 약탈 원정을 폭넓게 이용했고, 농업적 식민화가 엘베 강 동쪽에서 계속되었으며, 남부 독일과 보헤미아는 광산 개발과 금속의 가공을 통해 부유해졌고, 스페인과 포르투갈은 바다의 모험을 통해서, 이탈리아는 근동의 부의 이용과 은행 업무를 통해 부를 축적했다. 14세기 중엽의 전반적 동요가 잠시 성장을 중단시키긴 했지만, 그것은 여기저기서 보다 활력 있게 재개되었다. 뿐만 아니라 전염병의 결과가 모두 부정적인 것만은 아니었다. 검은 페스트로부터 살아남은 자들은 시련이 지나자 나누어야 할 부가 더 많아지지는 않았을지라도 서로 나누어야 할 사람 수가 그만큼 줄어들었던 것이다. 부는 끊임없이 더욱 유동적이 되었다. 당시에 유럽을 뒤흔들었던 충격 때문에 평균적 생활 수준은 높아졌고, 화폐의 보다 신속하고 무질서한 유통을 통해 돈은 몇몇 사람들의 손에 집중되었다. 또한 이 충격은 부의 회전이 훨씬 빨라지게 만들었다. 왜냐하면 동요는 무력과 밀거래를 통해, 귀금속에 대한 투자를 통해, 정치적 음모를 통해 부자가 될 수 있는 보다 나은 기회들을 제공했기 때문이다. 돈은 힘들이지 않고 벌어졌다. 그것은 쉽게 소비되었다. 혹은 부정하게 번 재산의 일부를 신앙의 장식에 할애함으로써 자신의 죄를 사하든가, 혹은 장식물들의 과시를 통해 성공을 축하하든가, 혹은 음험한 죽음의 존재가 자극하는 삶을 즐기려는 취향을 만족시키든가 해서 말이다. 이 모든 것으로 인해 그토록 많은 파손과 비탄 가운데서도 예술 작품의 생산은 약화되지 않았고, 그 반대였다. 변한 것은 뒤섞인 다양한 운동들의 효과가 낳은 그것의 형태들이었다.

1차적 시선에서 보면 종교적인 것의 몫은 14세기의 예술적 생산에서 감소된 것처럼 보인다. 이런 외관상의 퇴조가 발생한 근본적 원인은 세속적 장식물들, 다시 말해 몸이나 거처의 장식물들이 이전 시대들의 것들보다 숫자적으로 훨씬 많이 보존되었기 때문이다. 그것들은 보다 풍요로운 사회가 이제 단순히 즐거움을 얻기 위해 사용할 수 있는 재료들, 보다 내구성이 강한 재료들로 만들어졌다. 그러나 다음과 같은 또 다른 사실이 위대한 예술의 세속화를 설명한다. 즉 예술이 교회 사람들의 후원으로부터 조금씩 벗어났다는 것이다. 그 이유는 신도들이 초자연의 세계나 죽은 후 죄지은 영혼들을 노리는 위험들에 대해 이전보다 덜 걱정하고, 따라서 사제들의 말에 귀를 기울이고 성사들에 의존하며 보시를 해야 할 필요성에 대해 덜 신경 쓰는 모습을 보였기 때문이 아니다. 이를 이해하기 위해서는 유언들을 참조하고, 부유층과 보통 계층이 아낌없이 제정한 유증 액수를 참조하는 것으로 충분하다. 그들은 이러한 제정을 하면서 죽은 후 구원을 받기 위해 수많은 미사들이 영원히 계속되도록 그들의 상속자들에게 견딜 수 없는 부담을 강제하였다. 그러나 기독교의 내면화는 강조되고 있었다. 그것은 집단적인 예배식보다는 고독한 기도와 고행을 더 선호하게 만들었다. 그것은 병자들과 가난한 사람들의 짐을 덜어주고, 자선 기관들, 병원들에 후하게 기부함으로써 자신의 죄를 씻도록 유도했다. 뿐만 아니라, 그리고 특히 종교 기관들이 거두는 금액의 상당 부분이 이제 정치 권력의 지배자들에 의해 갈취되었다. 여기서 우리는 본질적인 요소들 가운데 하나와 접하고 있다. 이제부터 돈을 풍부하게 국가의 금고로 흡수할 수 있는 세제가 유럽에 정착된 시기가 이 시대였다. 14세기의 이와 같은 혁신, 즉 정규적인 세금은 예술사에 대해 가장 강력하게 영향을 미쳤던 혁신들 가운데 하나이다.

물론 가장 강력하고 가장 탐욕적인 국가는 교회 자체였고, 가장 잘 채워지는 금고들은 교황들의 금고들이었다. 이로부터 고위 성직자들과 많은 추기경들의 출신지인 프랑스의 지방들에서 종교 예술에 생생한 재생의 활력을 부여할 수 있는 수단이 나왔다. 그러나 토스카나의 은행가들의 매개를 통해서 그들에게 도달했던 플로린(피렌체의 금화)들은 그들이 정착한 아비뇽에서 특히 그들이 지닌 세속적 권력의 표시들로 사용되었다. 우선적으로 교황들의 궁전은 엄격한 수도원 같은 곳으로 귀착되었는데, 오만과 화려함을 드러냈다. 담장벽들은 강압적이었고, 알현실은 성당의 규모였으며, 방대한 안마당은 성 베드로의 후계자가 엄숙하게 나타나도록 로지아가 둘러쳐져 있으며, 끝으로 내벽에는 벽화들이 걸려 있었는데, 이것들은 가장 유명한 예술가들에게 주문하여 제작한 것이다. 여기다가 덧붙여지는 것이 도시와 도시 주변에 흩어진 추기경들의 '하인들'인데, 이들 모두는 교황의 거처에 있는 제한적이기는 하지만 역시 안락하고 호사스런 많은 유사 물건들과 같은 것들이다. 비용이 엄청나게 든다는 것은 분명하다. 그러나 그러한 비용이 교황청 내에서 강한 망설임을 야기했다는 것은 보여지지 않으며, 영국의 고위 성직자들 역시 그들의 저택을 호화롭게 재건축하는 데 망설이지 않았다. 교회의 지도자들에게 왕들과 용병대장들만큼 화려한 모습을 보여주는 것은 전적으로 합당하고 필요한 것으로 보였다. 그들은 하느님에게 해야 할 일과 그들 자신의 영광이 요구했던 것 사이에 분명한 분할선을 긋는 데 익숙했다. 이 지점에서 사람들이 세상에 대해 품는 견해에서 그려지는 전환점이 시작된다. 14세기에는 지상의 일들과 천상의 일들 사이의 구분이 분명하게 부각되는 현상이 나타났다. 이 구분은 탄생하고 있는 유럽 문명의 주요한 초석들 가운데 하나로, 그리고 아마 그 후 유럽의 정복들을 받쳐 주는 가장 견고한 버팀대들 가운데 하나로 간주될 수 있다.

종교적인 것과 세속적인 것 사이의 구분선은 13세기 중반에 그어졌었다. 남부 유럽의 도시들에서 뿐만이 아니다. 파리에서 왕의 신하들 가운데, 그리고 신학적 이데올로기가 만들어진 대학에서도 많은 사람들은 교리와 이성을 양립시키는 것이 불가능하다는 점을 알게 되었고, 토마스 아퀴나스의 시도가 헛되다고 판단했다. 헛되고 비난받아야 한다고 생각했다. 그것은 단죄되었다. 1300년이 지나자, 둔스 스코투스와 윌리엄 오브 오컴 같은 프란체스코회 신학자들은 이와 같은 피할 수 없는 분할 위에 자신들의 교육을 확립했다. 한쪽에는 신앙과 개인적인 헌신에 속하는 것, 다시 말해 경건함과 격정적인 마음의 영역, 그리고 어떤 의미에서 비물질적인 것의 영역이 있다. 다른 한쪽에는 감각이 인지하는 것, 즉 보이는 세계, 창조된 것, 인간이 가능한 한 잘 반응하기 위해 세밀하게 연구해야 하는 자율적 공간이 있다. 이 두번째 영역은 관찰, 감각적 경험, 그리고 논리적 추론의 영역이다. 인간은 신이 그에게 부여한 모든 지적·감각적 능력들을 사용하여 그것을 탐구하도록 요청받고 있다. 특히 지상에 질서와 정의를 유지할 책무가 주어진 군주는 그렇다. 잘 통치하기 위해서 그는 철학자들의 언급들, 예컨대 아리스토텔레스의 《정치학》을 참조해야 한다. 그의 의도에 따라 학자들은 이런 언급들을 알맞게 각색한 것들을 저술했다.

다만 신학자들의 제안들은 대다수가 깊이 생각하지 않고 당연하다고 판단한 것이 무엇인지 형식화해 표현했다. 분명한 것은 그것들이 시장 경제의 확대, 세계의 경계선 확장, 자연의 낯선 성격들의 발견에 의해 혼란에 휩싸인 사회의 기대에 부응했고, 삶의 불안정성을 발견하면서 권력과 부가 가져다 주는 쾌락으로 달려들었던 모든 사람들의 기대에 부합했다는 점이다. 세기 내내 화가들과 조각가들의 작품 속에 뚜렷이 부각되는 사실주의 경향, 다시 말해 보이는 것들에 대한 보다 정확한 표상을 획득하려는 노력은 종교적인 것의 지배로부터 자유의 영역을 구출해 내고, 이 지배를 분명하게 제한하겠다는 다소간 의식적인 그 의지와 관계가 없지 않다. 어쨌든 둔스 스코투스나 윌리엄 오브 오컴의 가르침은 국가의 강화와 매우 밀접하게 연결되고, 그 당시 예술적 창조의 가장 활발하고 가장 과감한 측면은 이와 같은 강화에 의지하고 있다.

베리 공작의 《매우 행복한 시절》의 일정을 예시하는 그림들에서 우리는 모든 풍경들의 지평에서 때로는 꼭대기가 경이로운 망루로 장식된 성의 실루엣을 발견한다. 랭부르 형제에게 제작을 주문하면서 군주가 요구했던 것은 자신의 지배, 세금을 걷을 수 있는 자신의 권력를 나타내는 상징물들이 선명하게 나타나야 한다는 것이고, 선정이 베풀어야 할 의무가 있는 즐거움, 그 자신이 궁정의 신하들에게 후하게 베풀었던 그런 즐거움의 이미지가 보여야 한다는 것이다. 1400년으로 오면 이제부터 가장 위대한 예술가들은 궁전을 위해 일했다. 교황들의 궁전, 주교들과 사제들의 궁전, 구비오·시에나 혹은 이프레스에 있는 시(市)궁전, 커다란 홀들인 상인들의 그 궁전 같은 것 말이다. 또

---

13) 군주가 다스리는 정부를 말한다.

장군들의 궁전, 당시 이탈리아 도시들에서 **시뇨리아**(signoria)[13]를 장악했던 은행가들의 궁전도 마찬가지이다. 예술가들은 보다 흔하게는 군주들·왕들, 왕의 아들들·형제들·사촌들의 궁전들을 위해 일했다. 이들 사촌들도 이제 조상으로부터 물려받은 유산의 일부를 영지로 받았으며, 자신들의 지위를 유지할 필요성을 내세워 왕실의 금고에서 한 아름씩 퍼갔던 것이다.

우리는 그 이전 시대들과 마찬가지로 14세기의 화가·조각가·건축가의 조건에 대해서 아는 게 거의 없다. 조토가 재산이 없었다는 것은 분명하게 간파된다. 그렇다고 그가 고용자들 앞에서 보다 자유로웠던가? 아무것도 우리로 하여금 가내에 고용된 예술가들에 부여된 자유의 몫이 발루아가(家)나 비스콘티가의 궁정에서 14세기 말엽에 현저하게 확대되었다고 주장하게 해주지 못하고 있다. 주문자와 제작자 사이의 관계를 밝혀 주는 몇몇 자료들이 나타나고 있다. 그것들은 공증인 앞에서 체결한 계약들이다. 예술가는 자신의 급료, 그가 사용해야 하는 재료의 질뿐 아니라 구체적으로 테마를 전개하는 방식을 규정하는 조항들을 충실하게 존중한다는 서약을 한다. 그러나 이제 두 개인 사이의 관계가 확립된다는 인상이 우세하다. 공적인 주문의 경우에서조차도 계획은 대개의 경우 한 개인의 명백한 의지에 따랐다. 그 대신 또 다른 개인인 건축가·조각가·화가·금은세공사는 자신을 위해 능력을 확보하고 있었다. 그것은 그의 평판이 비테르보의 마테오 같은 인물의 것에 접근했을 때 매우 방대한 것으로, 그에게 제안된 골격 위에 수를 놓듯이 미화하고, 작품에 자신의 감성과 교양을 새길 수 있는 능력이다. 그리하여 부상하는 개인주의가 침투한 사회 내에서 예술가의 자율성은 눈에 띄지 않게 나타나기 시작한다.

개인적 주도권을 억압하는 구속들의 완화는 탁발 수도회 회원들의 전도에 의해서 뿐만 아니라 화폐 도구의 침투와 전반적으로 풀리는 경제에 의해서 폭넓게 조장되었다. 이들 회원들은 외관상 은거지에 있는 것처럼 사적으로 홀로 서 신비주의적 사랑의 토로에 몰입하고, 정신과의 개인적 관계를 심화시킬 것을 각 신도에게 권장했다. 모든 것은 마치 조아키노 다 피오레[14]의 예언이 실현되는 것처럼 이루어졌다. 이 칼라브리아의 은둔자는 1260년에 구원의 역사가 성령의 지배하에 위치한 제3기에 진입할 것이라고 예고한 바 있었다. 실제로 삼위일체의 제3위는 사제에게서 개인적 영혼과 비창조된 빛 사이에 중개자로서의 기능을 점차로 박탈하면서 신앙 생활에서 보다 큰 자리를 차지하게 되었다. 그리하여 근대적 신앙과 이단 사이의 경계는 감지할 수 없게 흐려졌다. 동일한 길로 한 발짝만 더 나가서 교회의 통제에 지나치게 공개적으로 반발하거나 단순히 불운하게도

---

14) 조아키노 다 피오레(Gioacchiano da Fiore, 1130에서 1140-1202): 이탈리아의 신비주의자로서 산조반니인피오레 수도회를 설립했다.

보다 덜 관용적인 종교 재판의 대상이 되기만 해도 단죄되기에 충분했다. 성당 기사들 역시 화형을 당했던 시기인 세기초에 발랑시엔의 베긴 교단 여신도였던 마그리트 포레트는 파리에서 화형대에 올라갔다. 그런데 그녀와 마찬가지로 많은 기독교도들은 경건한 영혼들이 신과의 사랑하는 일대일 대화 속에 틀어박히고 싶은 욕망을 찬양할 만하다고 판단했다.

14세기의 예술에서 종교적인 것의 부분은 여전히 매우 폭넓게 지배적이다. 대부분의 예술 작품들은 아직도 봉헌물이며, 신도가 비가시적인 것과 소통하는 것을 돕고자 한다. 게다가 종교적 실천의 새로운 형식들은 이러한 매개적 기능에 보다 많은 중요성을 부여하는 경향이 있다. 11세기 말엽에 성 안셀무스가 신앙은 또한 지성이어야 한다(fides querens intellectum)고 선언했을 때 열려진 유럽 사상사의 한 단계가 이 시대에 마감된다. 이제 합리적 엄격성은 신앙의 영역에서 권리를 상실한다. 신앙은 마음의 일, 정서적 관계의 일이 된다. 기사도의 교양에 따르면, 그러니까 궁정시에 따르면 사랑은 하나의 시선에서 태어나고, 마음은 사랑의 대상을 볼 때 타오른다. 12,13세기는 신적인 것과의 관계를 빛줄기의 형태로 사유했다. 14세기에는 보다 구체적으로 이 관계가 두 인격 사이에 시선의 교환을 통해 확립되고 지속된다. 그리하여 은총이 전달되고, 열성이 유지된다. 이런 측면은 이 시기에 상승의 몸짓과, 신도들 각자의 관조에 제시된 면병을 현시하는 몸짓이 강력하게 자리잡게 만든다(이런 이유로 스테인드글라스는 시각이 교회 내부에서 보다 분명하도록 밝아진다). 따라서 기도하는 사람의 눈앞에 위치한 성화의 역할이 확대된 현상이 이해된다. 그것은 성유물처럼 은총의 원천이다. 또 이해되는 것은 각자가 자기 손이 닿는 곳에 성화를 놓아두고, 그것에서 언제라도 열성과 위안을 끌어내고 싶었다는 점이다. 그리고 또 이해되는 점은, 점점 더 고독한 신앙심을 위해 있는 예술 작품이 신비적 대화에서 부재하는 파트너의 표정을 충실하게 재현하려 할 뿐 아니라 개인적인 찬양의 대상이 되는 경향을 드러낸다는 것이다. 화려한 의복처럼, 비종교적 예술의 창조물들처럼 말이다. 물론 아직도 방대한 작업장들이 존재한다. 또 집단적인 큰 건물들이, 특히 도미니크회 회원들과 프란체스코회 회원들을 위한 교회들이 건립되고, 그것들의 제단 위에는 여러 폭의 비정상으로 큰 병풍들이 놓여졌다. 물론 성당은 계속해서 장식된다. 조각은 내부에 침투한다. 그것은 성가대석과 중앙홀 사이 높은 주랑들의 외벽들을 설득력 있는 이미지들로 가득 채운다. 그러나 예술가들은 이제 주로 개인적인 주문이나 거래를 위해 일한다.

이론의 여지없는 수집가들이 이 시대에 출현한다는 것은 의미심장하다. 프랑스의 왕 샤를 5세, 그리고 그의 동생 장 드 베리처럼 말이다. 그들은 물론 극단적인 경우들이다. 그들은 대단한 수단들을 지니고 있었다. 여기서 중요한 것은 그들의 광적인 열정이고, 그들이 카메오와 메달을 손으로 만져 보고 값

비싼 책들을 훑어보는 취향이다. 이 책들의 삽화들은 여러 유명한 예술가들에게 맡겨졌는데 17세기의 군주들이 자랑스럽게 여기고, 오늘날에도 애호가들이 자랑스럽게 여기는 회화 수집품들과 대등한 것으로 간주될 수 있다. 더욱더 의미 있는 것은 한편으로 초상화에서 닮음의 집요한 추구이고, 다른 한편으로 가문(家紋)이나 문장 같은 소유의 표시인데, 당시 대부분의 작품들은 이런 가문이나 문장이 표시되어 있었다. 자신의 부에서 성유골함·스테인드글라스·무덤·제단을 만들도록 재원을 선취하게 했고, 장인들에게 엄격한 명령을 내렸던 사람은 첫눈에, 그리고 영원히 물건의 증여자로 인정되기를 바랐다. 마찬가지로 그는 자신의 이름, 곧 자신의 개인적 이름이 그가 재정 지원을 했던 장례 미사 동안 영속적으로 언급되게 했다.

　예술 작품에 대한 이러한 개인 지배로부터 그것의 크기들은 제한을 받는다. 11,12,13세기의 예술의 걸작들은 오늘날 노천이나 자유로운 통행 공간들에서 보여진다. 그것들은 기념물들이다. 그것들은 공동체들을 위해 구상되고 제작되었다. 반면에 14세기의 예술이 다분히 박물관에, 진열창에서 발견되고 있으며, 이와 같은 전환만으로도 예술적 창조가 사적인 영역, 개인적 영역으로 후퇴했음을 분명하게 나타낸다. 아마 우리가 그런 식으로 관람하는 수많은 전시품들은 사실 상단에서 떨어져 나온 화판이나 전체에서 분리된 단편들일 것이다(게다가 이것이 흔히 그것들의 의미, 진정한 기능을 알아보지 못하게 만든다). 그러나 온전한 작품들 가운데, 그리고 보다 복잡한 작품들에서 조각가·금은세공사·화가의 작업이 결합되었던 그러한 제단들은 거의 모두가 보통 크기이고, 독실한 신자가 물러앉아 있는 그런 좁은 방들에 설치되도록 만들어졌으며, 심지어 가지고 갈 수 있도록 만들어졌다. 어떤 것들은 매우 작아 소유자가 손안에 쥘 수도 있다.

물론 신과 성인들이 여전히 1차적으로 봉사의 대상이지만, 그 방식은 달라졌다. 11세기에 종교 예술은 수도원에서 절정에 다다랐다. 13세기 초엽에는 대성당이었다. 부속 예배당은 14세기를 특징짓는 종교 예술 작품이다. 이런 예배당들은 친척 관계·동맹 혹은 정신적 형제애로 결합된 작은 집단이나 한 개인에 의해 설립되고 건축되며, 장식·유지되고, 주인이 모집해 급료를 주는 사적인 사제가 그곳의 성무를 담당한다. 이 예배당들은 비록 상상적인 울타리에 의해서라 할지라도 분명하게 한정된 닫혀진 은거지이고, 명상과 의식의 점검 및 은밀한 기도의 장소이다. 그것들은 점점 더 폐쇄적이고 자기 중심적이며 감정적인 신앙 행위의 요구들에 부합한다. 성 루이 왕의 생트 샤펠이 그랬듯이, 또 보헤미아의 카를 황제가 성유물함들 앞에서 몸을 숙이는 기도실, 다시 말해 카를스타인에 있는 건물의 가장 높은 곳의 기도실이 그렇듯이 많은 예배당들이 가족의 거처에 통합되었다. 다른 예배당들은 거리에, 즉 수도회 본부가 자리잡고 있는 거리에 세워진다. 많은 예배당들이 차례차례 교회들의 측면이나 후진에 나란히 세워지게 된다. 그러나 어떤 것들은 이동식으로, 여행자가 길을 가는 중에, 캠프에, 순례의 길에 휴대용의 작은 제단을 자신 앞에 단순하게 놓음으로써 구축하는 것들이다. 끝으로 매우 보잘것없는 것들도 존재한다. 왜냐하면 오두막의 구석을 예배당으로 만드는 데는 하나의 오브제, 단순한 성상(聖像)만 있으면 충분하기 때문이다.

사실 예배당의 건축물은 그것이 담아내는 내용보다 훨씬 덜 중요하다. 물건들 말이다. 이것들은 주문 제작한 장식 미술품들이거나 점점 더 자주 진열대에서 산 것들이다. 그것들은 성유물들을 담은 상자들이다. 기독교의 대중화는 성인들의 신체를 둘러싸는 강력한 숭배를 유지하고 있기 때문이다. 부자들과 가난한 자들은 정복자 기욤의 시대에서처럼 이런 유물들 가운데 어떤 것들을 소유하고, 옆에 간직하며, 만지고, 몸에 지닐 수 있기를 원했다. 또한 책들, 다시 말해 시편들과 기도서들도 있으며, 책은 그것만으로도 가장 내밀하고 가장 일상적인 일종의 예배실이며, 전능한 하느님과의 개인적 만남과 대면의 주요한 도구이다. 실제로 책은 교환의 말들을 간직하고 있다. 신도들은 그것들을 읽도록 요청받고, 그것들을 해독할 수 있는 사람들은 점점 더 많아진다. 또한 책은 이미지들을 간직하고 있다. 그것들은 주로 예배당들을 가득 채우는 성상(聖像)들이다.

이러한 이미지들은 교훈을 준다. 그것들은 성당의 조각상들이 공개적으로 그렇게 하듯이 그리스도 · 성모 마리아 · 성인들의 삶을 이야기하기 때문이다. 그것들은 경고를 한다. 왜냐하면 그것들은 죽음이 보이지 않게 그곳에 배회하고 있다는 것과, 그래서 언제나 준비하고 있어야 함을 상기시키고 있으며, 그렇지 않게 되는 사람들이 겪을 위험이 무엇인지 보여주기 때문이다. 적절하게 준비하고, 회개를 통해 죄를 정화하며, 영벌에 맞서 자선이라는 그 성채를 갖추고 잘 죽어야 하는데 그렇지 못할까 하는 염려가 새로운 기독교를 가득 채워 혼란케 한다. 그리하여 예수·순교자들과 관련해, 나아가 모든 것과 관련해 죽는 순간의 표상들은 증가되고 확대되는 한편 그것들의 세부적인 묘사들도 분명히 나타난다. 이미지들은 또한 위안을 준다. 왜냐하면 그것들은 피난처들을 보여주고, 주 그리스도의 어머니가 자신을 사랑하는 사람들을 감싸는 구원의 망토를 보여주기 때문이다. 그리고 책들, 예배당의 벽면 혹은 제단의 널빤지 위에 그려지고, 이미지들, 사람들이 몸에 지니고 다니는 2장접이 상아판에 조각된 그 모든 이미지들의 기능, 또 두려워하면서도 소중히 여겨야 하는 보이지 않는 존재들을 형상화시키는 작은 조각상들의 기능은 감성적 측면을 동요시키고 움직이며, 신성한 공포와 회한을 불러일으키는 것이다. 그러니까 감동시키는 것이다. 이로부터, 그러니까 합리성의 제거로부터, 또 정서적인 것을 통한 종교적인 영역의 침투로부터 종교 예술에서 관찰되는 긴장의 무너짐이 비롯된다. 그와 같은 조심성의 상실, 짐짓 태를 부린 아양이나 표현주의로 그처럼 진정되는 현상,

부드러운 이완과 동시에 고조를 향한 그 점진적 이동, 이런 것들은 세속적인 사회의 혼합적 성격이나 아주 근자에 벼락 출세한 사람들의 침입에만 기인하는 것이 아니다. 그것들은 조금이라도 고상한 영혼을 지닌 스폰서들을 위한 보다 견고한 이등품들이 이전 시대들에서보다 잘 살아남고 보다 폭넓은 영역을 차지하고 있기 때문만도 아니다. 그것들은 성물(聖物)이 수행하고자 하는 사명으로부터 비롯된다. 이 사명은 열성적인 영혼이 더없이 순진하고 더없이 솔직한 모든 수단들을 통해서 마이스터 에크하르트[15]가 이야기하는 **깊은 토대**(le Grund), 다시 말해 신비스럽고 어두운 심층의 발견을 향해 전진하도록 돕는 것이다. 이 심층에는 교회의 어떠한 개입 없이도, 열성적 영혼을 신의 본질과 직접적으로 연결해 주는 것이 자리하고 있다.

14세기 예술을 특징짓는 또 다른 오브제는 흔히 예배당 안에 안치된 무덤이다. 이것은 아직은 신성한 것에 속하기는 하지만 이미 세속적인 것을 향해 있다. 죽은 자들은 살아 있다. 그들은 어디에 있는가? 그들은 무엇을 원하는가? 그들을 어떻게 돕고, 그들이 해를 끼치는 것을 어떻게 막을 것인가? 나는 죽은 후에 무엇이 될 것인가? 중세의 기독교는 그것의 역사가 진행되는 동안 이런 문제들을 토대로 확립되었다. 예컨대 클뤼니 수도회

---

15) 에크하르트(Johannes Eckhart, 1260-1372?): 도미니크회 수도사로서 독일의 신비주의적 신학자이다.

의 성공은 그것이 죽은 자들에게 제공할 줄 알았던 봉사에 상당 부분 기인했다. 서기 1000년에서와 마찬가지로 14세기에 장례식은 주요한 축제들, 다시 말해 사회적 조직의 응집력이 재구성되는 그런 축제들에 들어갔다. 그것이 완벽하게 성공했을 때, 그러니까 죽음이 자신의 주변 사람들 사이에서 오랫동안 준비될 수 있었고, 자기 경험의 메시지를 마지막 이야기로 그들에게 남길 수 있었을 때, 내세로 들어가는 행사는 슬픔과 즐거움이 뒤섞인 가운데 화려하게 거행된다. 죽은 자의 시신이 최후로 성대하게 전시되어 보여지는 영구대를 중심으로, 그의 일가친척, 친구들, 그리고 사방에서 달려온 가난한 자들은 그가 마지막으로 주재하는 식사, 그가 살아 생전에 그토록 자주 그렇게 했듯이 제공하는 식사를 함께 나눈다. 무덤이 형상적 장식물들로 뒤덮이기 시작했을 때부터 이 장식물들은 통과의례에 대한, 곧 죽음으로 이동하는 순간에 대한 추억을 영속화시킨다. '얼어붙은 자'는 이 순간에 이 세상에서 저승으로 이동했던 것이다. 무덤이 아무리 초라하다 할지라도 이 기념물에 놓여진 기호들은 승리적인 이동을 상기시킨다. 또한 그것들은 유해가 심판의 날에 다시 떠오르기를 기다리면서 여기 쉬고 있는 그 육체를 상기시킨다.

이 시기에는 진정으로 가난한 경우에만 묘소에 그런 추도적 기념물을 세우게 하겠다는 꿈을 꾸지 않는다. 그 장소는 주의 깊게 특별히 선택된다. 모든 것은 이 장소가 하늘이 은총을 베푼 공간에 자리잡아 장식되도록 하기 위해 희생된다. 우리가 생각할 수 있는 것은 예술가들에게 주문된 것들 가운데 단연코 가장 많은 것들은 무덤과 관련되며, 가장 개인적인 것들이다. 이 무덤에 자신의 과시적인 표시를 부각시켜 그것을 바라보는 자들에게 자신을 상기시키고, 자신의 이름뿐 아니라 육체적 형태까지 무덤에 새기며, 이 초상이 설령 타일에 단순하게 윤곽을 새긴 실루엣만을 나타낸다 할지라도 알아볼 수 있도록 주의를 기울이는 현상에서 볼 수 있듯이, 그 어떤 곳에서도 예술 작품의 전유가 이보다 명백하지 않다. 그 어떤 곳에서도 세속적인 것, 육체적인 것을 향한 예술 작품의 표류 역시 이보다 명백하지 않다. 왜냐하면 무덤은 존재의 소멸적 부분만을 간직하기 때문이다. 영혼은 이 부분과 분리되었다. 물론 그것이 망각된 것은 아니다. 우리가 알다시피 그것은 필연적으로 고통을 당한다. 따라서 비문은 그것을 위해 기도하도록 호소한다. 그러나 여전히 육체적인 것이 먼저 고양되고, 14세기에 개화하는 장례 관련 조각과 회화는 사실 최소한 표상으로라도 현존하고 싶고, 이승에서 살아남고 싶다는 욕망을 만족시킨다. 조각과 회화는 지상의 재물에 대한 광적인 집착과, 프란체스코회의 설교가 주는 권고에 대한 무의식적인 저항을 증언한다. 그 반대로 이 설교는 체념하고 정신적 열정 속에 잠기라고 호소한다. 무덤 예술에서 인간 오만의 복수가 표현되며, 인간이 이 세상에서 요구하는 권한들이 분명히 표명된다. 특히 정치적 권한이 말이다.

예전에 신의 위엄을 배타적으로 찬양하는 데 바쳐졌던 모든 호사와 재능들, 신의 재단들과 성전의 현관들을 치장하는 데 할애되었던 모든 부(富)들은 14세 말엽에 추기경들과 군주들의 무덤으로 이동된다. 특히 가장 새로운 힘을 획득한 사람들의 무덤으로 말이다. 밀라노와 베로나의 '폭군들'이 그런 경우이다. 그들은 자신들을 새로운 마르쿠스 아우렐리우스처럼 영웅화된 뛰어난 기사들로 나타내도록 했다. 마치 그들이 장악한 도시 국가를 죽은 이후에까지 여전히 지배할 수 있는 것처럼 말이다.

이제 귀족들은 자신들의 영혼에 관심을 기울일 뿐 아니라 교리나 신앙과는 무관한 방대한 영지에 전념하는 일과 자신들이 지배자가 되기 위해 모든 것을 가동시키는 일이 합법적이며, 나아가 그 이상으로 필요하다고 확신한 채 많은 지출을 한다. 그들은 자신들의 저택을 자신들의 영광에 걸맞는 만큼 화려하게 짓기 위해 가장 평판이 좋은 예술가들을 고용한다. 이런 저택에서 그들은 즐거움이 넘치는 가운데 친구들을 대접하고, 백성이 알고 있는 일이지만 화합을 지키려고 노력하면서 이들 백성을 감시한다. 끊임없이 길을 나서는 봉건 영주들은 밖에서 생활하는 인물들이었다. 그들의 집은 일시적인 피난처였다. 14세기에 그것은 진정으로 거처가 되기 시작한다. 탁 트인 공간들, 정원들, 과수원들은 집의 가장 큰 부분을 차지한다. 그러나 그것들은 보다 세심하게 관리된다. 동방에서 온 여행자들이 찬양하는 화려함을 갖춘 절대 군주들처럼, 매우 부유한 자들은 손님들에게 낯선 짐승들을 보여준다. 그리고 특히 그들은 예컨대 이전 세기들에 푸아티에의 백작들의 궁전, 혹은 생작드콩포스텔의 젤미레즈 대주교의 궁전에 마련되었던 지붕 덮인 방대한 공간들에 더 이상 만족하지 않는다. 폐쇄된 작은 방들에 체류하는 취향이 나타나기 시작한다. 그것들 내부에 확산되는 벽난로와 조명 기구는 자연의 가혹함으로부터 자신을 보다 잘 보호하도록 도와 주며, 해가 지고 난 후 삶은 그 속에 길게 잠기게 된다. 주인은 이 방들을 예배실을 치장하듯이 장식하기를 좋아하고, 자신을 중심으로 접대 격식이 전개되는 커다란 홀들에 가장 값진 것을 모아 놓는다. 거처의 장식에서 거의 모든 것이 오늘날 세월을 따라 사라졌고 흩어졌으며, 뒷날의 손질로 인해 없어졌다. 그러나 남아 있는 작은 부분, 다시 말해 벽화의 몇몇 단편들, 식탁의 장식물들, 힘 있는 군주들이 자신들의 성에서 성으로 옮겨 놓곤 했던 그 태피스트리들, 그리고 특히 더없이 화려한 원고들의 삽화들은 그들이 당시 살았던 아파트의 단면을 보여준다. 당시는 1400년이 가까워지는 시기로 그들에게 봉사했던 화가들은 현실을 세밀하게 묘사하기 시작한다. 또 그런 것들을 통해 분명히 볼 수 있는 것은 지배적 사회 계층이 자신들의 회합 장소들을 장신구들로 뒤덮었으며, 그들의 유일한 쾌락과 꿈을 만족시키고 자신들을 찬양하는 데 부의 매우 많은 부분을 할애했다는 점이다.

《과수원의 꿈》[16]에서 읽을 수 있듯이 "우리 시대의 기사들은 그들의 홀에 보병 및 기병의 전투 장면들을 그려 놓게 했는데, 이는 시각적인 방식을 통해서 상상적인 전투의 희열을 느끼기 위한 것이다." 상상계 안에서 오락과 탈주, 이것이 12세기의 기사단이 시인들로부터 기대했던 것이고, 이제 숙녀들과 기사들의 우아한 사회 계층이 예술가들로부터 기대하고 있는 것이다. 《데카메론》과 피사의 캄포 산토의 벽화는 이들 숙녀들과 기사들이 그들의 피난처 주변에서는 페스트가 맹위를 떨치고 있는데도, 자연의 변덕스런 모습들에 매혹된 채 나뭇잎이 무성한 아름다운 울타리 안에서 바싹 붙어앉아 있는 장면을 보여주고 있다. 그들은 외관상 무심함을 드러내고 있지만, 삶이 소중하지만 매우 덧없는 것이라는 감정에 의해, 그리고 최후의 순간에 대한 공포에 의해 은밀하게 고통받는 이미지를 나타낸다. 또한 이미지를 통해서 또 다른 장식도 발견된다. 이 장식에서 각각의 인물은 자기 육체의 매력을 부각시키기 위해 분, 최고급 천의 의상, 그리고 장신구들로 육체를 둘러싸지 않으면 안 되었다. 이런 일은 이미지를 통해 인물이 축제·무도회·토너먼트, 혹은 진짜 전쟁에서 돌발 사태와 같이 공개적으로 드러날 때 나타난다. 14세기의 모든 예술 작품에서 예복은 가장 개인적이며 종교성과 가장 거리가 멀었다. 설령 일부 장신구들이 성유물을

---

16) 《과수원의 꿈 Le Songe du verger》은 세속 권력과 정신적 권력 사이의 관계를 다룬 익명의 작품으로 특권을 옹호하는 기사와 교황의 권리를 옹호하는 성직자 사이의 논쟁을 담고 있다.

포함하고 있다 할지라도 말이다. 아마 또한 온갖 조건의 남자들과 여자들이 이 시대에 가장 지속적으로 열중했던 것은 이미지라 할 것이다. 도시들에서 장인들로 이루어진 대부분의 동업조합들이 의복의 화려함을 위해서 일한다. 장거리 교역은 주로 화려한 의복의 재료들과 관련되고, 이를 위해서 매우 많은 돈이 지출되기 때문에 공권력은 질서를 잘 유지하려는 뜻에서 그런 낭비를 억제하기 위한 아주 엄격한 규정들을 선포하지 않을 수 없다. 파리의 상아세공인들이 궁정식 사랑의 유희가 드러내는 계속적 단계들을 저부조로 표현했던 향수함이나 거울의 덮개와 같은 화장품 액세서리들에서는 세속 예술의 다양성·세련미·화려함이 충만하게 나타난다. 또한 사랑의 기법도 있었다. 그 시대의 로망들[17]이 그렇듯이 아직은 정숙하지만 말이다. 그러나 화가들이 순교한 젊은 여자 성인들의 육신을 재단의 널빤지 위에서 다루면서 보여준 그 주의 깊은 애정을 고려할 때, 우리는 에로티시즘에서 어떤 전진(《매우 행복한 시절》의 한 페이지에 표현된 이브의 육체는 오툉의 합각머리에 나타난 것보다 훨씬 더 감동적인 매력을 제시하고 있다)을 상정할 수 있다. 그래서 아마 14세기 예술에서 여자 나신의 표상은 현존해 있어 우리가 볼 수 있는 것보다 넓은 영역을 점유하고 있었을 것이다.

1300년이 지나자 유럽은 정치적 긴장들의 파장 때문에 분열

---

17) 로망(roman)은 중세 로망어로 씌어진 산문 혹은 운문 소설을 말한다.

된다. 돈은 보다 빨리 순환되고, 국가 수반들은 그들이 보호하고 번영을 도와 주는 부르주아지들로부터 돈을 얻어내는 데 예전보다 힘이 덜 든다. 세수는 그들에게 보다 잘 장비를 갖춘 보다 많은 군대를 고용토록 해 이웃 국가들에 대항해 진격시키게 해준다. 유럽의 중세는 역사가 진행되는 동안 내내 항구적인 전쟁 속에서 생활했다. 그러나 14세기에 전쟁은 차원을 달리한다. 이제부터 모든 것은 전쟁에 달려 있게 된다. 그것은 세상의 질서를 교란시킨다. 그것은 가치 체계를 전복시킨다. 이를 입증하는 것이 운이 가장 좋은 장수들의 현기증나는 상승이고, 그들이 조각가들과 화가들에게 주문한 초상들의 오만함이다. 적대적 관계는 상업적 관계를 혼탁하게 만들고, 순례를 중단케 한다. 보다 일반적으로 국가들의 강화는 인노켄티우스 3세와 성 루이 왕의 시대에 유럽을 결집시켰던 모든 제도들에 타격을 가한다. 특히 교황청 권력이 피해를 입는다. 14세기 초엽에 교황청은 프랑스의 왕에 대항에 벌인 게임에서 지고, 로마를 떠나 카페 왕조의 보호 아래 아비뇽에 정착해야 한다. 그리하여 그것은 국가 권력처럼 보임으로써 신랄한 비판의 표적이 되는데, 이런 비판들이 비난하는 것은 그것의 사치이고 사명의 배반이다. 교황청을 대상으로 하는 공격들은 이단에 다시 활기를 불어넣고, 탁발 수도회들에 불화를 야기한다. 그리하여 위기는 기독교 공동체 전체를 찢어 놓기에 이른다. 1378년에 추기경들에 의한 교황 선거 회의는 분열되어 한 사람을 반대하고 다른 한 사람을 선출한다. 이것은 처음 있는 일이 아니다. 분열이 정착되어 지속된 것은 국가들의 상이한 이해 관계들 때문이다. 왜냐하면 프랑스의 왕은 교황청을 자신의 지배하에 두고자 하고, 그의 경쟁자들은 이를 지지하지 않으며, 이탈리아의 자존심은 성 베드로의 후계자(교황)가 로마로 되돌아와야 한다고 요구하기 때문이다.

도시들이 성벽들을 다시 세우고 성문들을 단단히 지킴으로써 평지에 창궐하는 노상 강도들과 페스트로부터 스스로를 보호하듯이, 크고 작은 국가들은 적대 관계가 악화되는 가운데 자기 세계에 틀어박힌다. 국경은 통제가 확립되고, 그럼으로써 현실성을 띠게 된다. 군주들은 배신의 두려움 속에 살아간다. 자신의 주변에 강화된 충성의 성벽을 쌓겠다는 희망을 품고 그들 각자는 가터 훈장이나 황금 양털 훈장, 기사 훈장을 만들어 낸다. 그들 각자는 고분고분한 성직자 집단, 충실한 공무원들을 단단하게 장악하고자 하며, 주교좌 성당 참사원들과 법률가들이 외국에서 교육을 더 이상 받지 않도록 하기 위해 자신의 영토 안에 대학을 설립한다. 민중들은 전사들로부터 괴로움을 당하며, 외국인 혐오증이 기승을 부리고, 민족들은 자신들의 정체성 안에 폐쇄되며, 수호 성인들이 찬양되고, 왕조의 전설들이 확대되며, 민족의 언어들은 라틴어를 억제하면서 그것들이 장악하는 문자의 위엄을 획득한다.

물론 이러한 분열은 예술적 창조에도 영향을 미친다. 각각의 도시에서는 군주가 하나의 궁전을 소유하고, 그의 대표들이 그의 이름으로 상소에 심판을 내리며, 잉여 세금을 거두어들이고 회계를 유지하며, 자금을 다루는 자들은 실질적인 특권들을 대가로 필요한 대부를 국고에 해주고, 궁정의 납품업자들은 부유해진다. 이런 도시에서 예배당·무덤·저택·호화 의복의 장식을 위해 일하는 모든 사람들에게 폭넓은 고용이 약속된다. 모든 중소의 중심 도시들, 군주들의 친척들이 받는 영지들의 중심 도시들, 가장 방대한 국가들에서 창조된 행정 구역들의 도시들, 지배를 주변의 농촌으로 확대한 역시 독립적인 도시들, 이 모든 도시들은 활발한 창조의 진원지들이지만 전통으로 밀착되는 경향을 드러낸다. 지방의 '학교들' 이 설립되는데, 전문가들은 오늘날 이 학교들의 특성들을 간파해 내고 있다. 이 시대의 예술들에서 식별되는 지방색은 통상적 생산에서, 그러니까 이류의 작품들에서 보다 분명한 모습을 드러내는데, 정치적 분열에서 직접적으로 비롯된다.

그러나 우리가 유럽에서 1천 년 동안 예술적 창조의 변화를 추적한 뒤에 중세의 마지막 그 몇십 년에 이르렀을 때 놀라게 되는 것은 바로 연속성이다. 무엇보다도 예술 작품의 기능들이 지닌 연속성이다. 오직 점진적인 통속화의 지속적 운동만이 그것에 영향을 준다. 유럽이라는 세계의 이 지역이 이전보다는 덜 헐벗게 됨에 따라, 이 운동은 처음에는 민중의 지도자들이 독점했던 취향들과 관습들을 사회 집단 깊숙이 점차로 조금씩 확산시켰다. 유사한 이미지들 앞에서, 그리고 유사한 장소들 앞에서 팜플로나의 환전상, 린의 선주, 마인츠의 포도주 도매상인, 오르비에토의 대(大)농장주가 1400년에 반복하는 것이 샤를마뉴 대제의 몸짓이 아니라면 대체 무엇이겠는가? 대제처럼 그들은 기도하기 위해 예배당에 은거한다. 대제처럼 그들은 시편집에서 라틴어로 된 기도문을 한 자씩 더듬거리며 읽는다. 대제처럼 그들은 저택의 큰 홀에서 그 자신들이 연회를 베풀고 선물을 주는 신하들 사이에서 얼룩덜룩한 의상을 입고 으스댄다. 아마 그들은 서로마 제국 황제가 그랬던 것과는 달리, 가정에 고용된 장인들에게 보석·책·상아판을 만들라고 명령하지는 않을 것이다. 그들은 이런 물건들을 상점으로 구입하러 간다. 그러나 그것들은 같은 것이다.

예술적 형태들에 다양성과 동시에 통일성을 부여하는 구조들과 관련해서도 연속성은 역시 현저하다. 15세기가 시작될 때, 카롤링거 왕조 시대처럼 두 개의 같은 지역이 역동적 움직임의 전위에 위치한다. 두 지역 모두 몸에 붙이는 가장 아름다운 장신구들을 제조하는 데 소용되는 것을 생산하고, 거래를 통해 부를 축적한다. 하나는 북해에 중심지를 지니고 있고, 다른 하나는 이탈리아에 중심지를 지니고 있다. 남쪽에서는 언제나 석조 예술과 기념비적 성격이 지배한다. 북쪽에서는 나무 및 금속 예술이 가볍고 다루기 쉬운 대상들에 적용된다. 중세 내내 그랬던 것처럼, 대머리왕 카를 2세, 볼피아노의 기욤, 성 베르나르,

성 루이 왕의 시대처럼 북쪽에서 오는 것과 남쪽에서 오는 것의 종합이 중부 유럽에서 지배적 권력들의 후원 아래 이루어진다. 1320-1400년 사이에 이 권력들은 황제·교황·프랑스 왕의 것이었다. 그러나 이제 셋 모두가 약화되었다. 하지만 그들은 자신들이 거주하는 도시들에서 가장 명성 있는 예술가들을 사방에서 끌어모을 만큼 충분한 권위와 수단을 보존하고 있다. 이런 도시들로부터 빛을 발하고 있는 것은 민족적 특성들의 주장에도 불구하고 유럽 예술의 통일성을 여전히 이루어 주는 것이다.

프라하는 카를 4세 치하에서 제국의 위엄이 그 명성을 다소 회복했을 때 이런 역할을 한때 유지한다. 그러나 통일적 기능은 아비뇽과 파리에 의해 지속적으로 수행되었다. 이곳에서 14세기 말엽에 예술사가들이 국제적 고딕식이라 정당하게 명명하는 그 양식이 형성되었다. 용병부대들이 론 강 계곡을 약탈했을 때 비록 아비뇽은 성벽 뒤에서 웅크리고 있지 않을 수 없었지만, 이 도시는 14세기 동안 내내 미학적 만남들의 주요한 중심지였다. 교황이라는 인물과 추기경단을 짓누르는 불신과 분열에도 불구하고 말이다. 영국에 억류된 장 왕의 장자인 황태자는 불충한 조언자들의 음모와 상류층 부르주아지의 과격한 요구 사이에서 우회 수단을 쓰고 있었다. 한편 영국에서 온 무리들은 보스를 약탈했다. 이런 시점에서 파리의 찬란함이 몇 년 동안 다소 빛을 잃긴 했지만, 이 도시는 약탈, 포로·인질의 몸

값, 페스트의 재앙도 파멸시킬 수 없었으며, 여전히 유럽에서 가장 풍요로운 국가의 수도였다. 이 도시의 대학은 기독교 공동체에 흩어져 있는 다른 연구 중심지들보다 우위를 온전히 보존하고 있었다. 파리는 1400년에 온갖 광채로 빛나고 있었다.

　그 시기는 얼마 가지 않았다. 몇 년이 지나자 파리는 폭동·내전·침략으로 황폐화되고, 교황청은 아비뇽으로부터 서서히 벗어났다. 그때부터 예술적 창조는 중심이 흩어졌다. 북쪽에서는 브뤼주·쾰른·디종 사이로 흩어졌고, 남쪽에서는 피렌체·베네치아·바르셀로나 사이로 흩어졌다. 우리가 르네상스라 부르는 것은 남쪽에서 이미 한 세기 전부터, 다시 말해 프리드리히 2세와 토스카나의 세습 귀족들이 뿌려 놓은 씨앗들이 발아하기 시작했을 때부터 개화되고 있었다. 한편 우리가 중세라고 부르는 것이 북쪽에서는 한 세기 이상은 아니라 할지라도 한 세기 동안 더 연장되게 된다.

참고 문헌

1. 방향

Enciclopedia dell'arte medievale, dir. A. M. Romanini, Milan, 1991.

Lexikon der christlichen Ikonographie, éd. E. Kirschbaum et W. Braunfels, Fribourg-en-Brisgau, 1968-1976, 8 vol.

PASTOUREAU, M., et DUCHET-SUCHAUX, G., *La Bible et les Saints*, Guide iconographique, Paris, 1994.

RÉAU, L., *Iconographie de l'art chrétien*, Paris, 1955-1959, 6 vol.

SCHILLER, G., *Ikonographie der christlichen Kunst*, Gütersloh, 1971-1980, 5 vol.

DAVIS-WEYER, C., *Early Medieval Art* 300-1500, Toronto, 1986.

FRISCH, T. G., *Gothic Art* 1140-c. 1450. *Sources and Documents*, Toronto, 1987.

LEHMANN-BROCKHAUS, O., *Lateinische Schriftquelle zur Kunst in England, Wales und Schottland vom Jahre 901 bis zum Jahre 1307*, Munich, 1955-1960, 5 vol.

— *Schriftquellen zur Kunstgeschichte des 11. und 12. Jahrhunderts für Deutschland, Lothringen und Italien*, Berlin, 1938, 2 vol.

MORTET, V., *Recueil de textes relatifs à l'historie de l'architecture et à la condition des architectes en France au Moyen Âge*, Paris, 1911-1929, 2 vol.

SCHLOSSER, J. von, *Quellenbuch zur Kunstgeschichte des abendländischen Mittelalters*, Vienne, 1896.

— *Schriftquellen zur Geschichte der karolingischer Kunst*, Vienne, 1892.

2. 형태들

L'Art européen vers 1400(catalogue de l'exposition du Kunsthistorisches Museum), Vienne, 1962.

Artistes, Artisans et Production artistique au Moyen Âge, éd. X. Barral i Altet, Paris, 1986-1990, 3 vol.

AVRIN, L., *Scribes, Script and Books. The Book Arts from Antiquity to the Renaissance*, Londres, 1991.

BARRAL I ALTET, X., *L'Art médiéval*, Paris, 1990.

BELTING, H., *Bild und Kunst. Eine Geschichte des Bildes vor den Zeitalter der Kunst*, Munich, 1991.

BENTON, J. R., *Bestiaire médiéval*, Paris, 1992.

BINSKI, P., *Medieval Craftsmen. Painters*, Toronto, 1991.

BISCHOFF, B., *Paléographie de l'Antiquité romaine et du Moyen Âge occidental*, Paris, 1985.

BRISAC, C., *Le Vitrail*, Paris, 1990.

BROWN, M. P., *A Guide to Western Historical Scripts from Antiquity to* 1600, Toronto, 1990.

BUCUER, F., ⟨Medieval Architectural Design Methods, 800-1560⟩, *Gesta*, 11, 1973.

CAHN, W., *La Bible romane*, Paris, 1982.

CHASTEL, A., *Fables, Formes, Figures*, Paris, 1978, 2 vol.

CHÂTELAIN, A., *Châteaux forts, images de pierre des guerres médiévales*, Strasbourg, 1981.

CHÂTELET, A., et RECHT, R., *Automne et Renouveau*, 1380-1500, Paris, 1988.

CHERRY, J., *Medieval Decorative Art*, Londres, 1991.

CONTAMINE, Ph., *La Guerre au Moyen Âge*, Paris, PUF, 1980.

CHRISTE, Y., VELMANS, T., LOSOWSKA et RECHT, R., *La Grammaire des formes et des styles. Le monde chrétien*, Office du Livre, Fribourg, 1982.

Church and the Arts, éd. D. Wood, Oxford, 1992.

Cloisters. Studies in Honor of the Fiftieth Anniversary, éd. E. C. Parker, et M. B. Shepard, New York, 1992.

DAVIES, J. G., *The Architectural Setting of Baptism*, Londres, 1962.

DE HAMEL, C. F. R., *Glossed Books of the Bible and the Origins of the Paris Book Trade*, Londres, 1984.

DE HAMEL, Ch., *A History of Illuminated Manuscripts*, Oxford, 1986.

DODWELL, C. R., *The Pictorial Arts of the West* 800-1200, New Haven-Londres, 1993.

DUBY, G., *Le Temps des cathédrales. L'art et la société*, 980-1420, Paris, 1976.

Faire croire. Modalités de la diffusion et de la réception des messages religieux du XIIe *au XIV*^{e} *siècle*(*Rome*, 22-23 juin 1979), Rome, 1981.

〈Les fortifications de terre en Europe occidentale du Xe au XIe siècle〉(colloque de Caen), *Archéologie médiévale*, 11, 1981, p.5-123.

GABORIT-CHOPIN, D., *Ivoires du Moyen Âge*, Paris, 1978.

GARDELLES, J., *Le Château, expression du monde féodal*, Strasbourg, 1981.

GAUTHIER, M.-M., *Émaux du Moyen Âge occidental*, Paris, 1972.

GEIJER, A., *A History of Textile Art*, Londres, 1979.

GRABAR, A., *L'Âge d'or de Justinien. De la mort de Théodose à l'Islam*, Paris, 1966.

GRABAR, A. et NORDENFALK, C., *Early Medieval Painting*, Lausanne, 1957.

— *Romanesque Painting*, Lausanne, 1958.

GRODECKI, L., *L'Architecture ottonienne*, Paris, 1968.

— *Le Moyen Âge retrouvé*, Paris, 1986–1991, 2 vol.

HIRSCHFELD, P., *Mäzene. Die Rolle des Auftraggebers in der Kunst*, s. l., 1968.

Histoire d'un art, la sculpture. Le grand art du Moyen Âge, du Ve au XVe siècle, dir. G. Duby et J.–L. Daval, Paris, 1989.

HUBERT, J., PORCHER, J. et VOLBACH, W. F., *L'Europes des invasions*, Paris, 1968.

— *L'Empire carolingien*, Paris, 1968.

JOUBERT, F., *La Tapisserie au Moyen Âge*, Rennes, 1992.

KRAUTHEIMER, R., *Studies in Early Christian, Medieval and Renaissance Art*, New York–Londres, 1969.

La Maison forte, éd. M. Bur, Paris, 1986.

MARTINDALE, A., *The Rise of the Artist in the Middle Ages and Early Renaissance*, Londres, 1972.

NORDSTRÖM, F., *Mediaeval Baptismal Fonts. An Iconographical Study*, Umea, 1984.

PÄCHT, O., *Book Illumination in the Middle Ages*, Londres–Oxford, 1986.

RECHT, R., *Le Dessin d'architecture. Son origine, ses formes*, Paris, 1995.

ROESDAHL, E., ⟨Les fortifications circulaires à l'époque viking au Danemark⟩, *Proxima Thulé, revue d'études nordiques*, vol. I, 1994, p. 25–50.

S<small>CHMITT</small>, J. C., *La Raison des gestes dans l'Occident médiéval*, Paris, 1990.

V<small>ROOM</small>, W., *De financiering von de Kathedraalbouw in de middeleeuwen*, Maarssen, 1981.

W<small>ARNCKE</small>, M., *Bau und Ueberbau. Soziologie der mittelalterlichen Architektur nach den Schrifiquellen*, Francfort-sur-le-Main, 1976.

— *L'Artiste et la Cour. Aux origines de l'artiste moderne*, Paris, 1989.

W<small>IRTH</small>, J., *L'Image médiévale. Naissance et développement(VIe-XVe s.)*, Paris, 1989.

3. 지역들

라인 강 지역, 중부 유럽

L'Art ancien en Tchécoslovaquie(catalogue de l'exposition de Paris, musée des Arts décoratifs), Paris, 1957.

B<small>ALDASS</small>, P. von, B<small>UCHOWIECKI</small>, W. et M<small>RAZEK</small>, W., *Romanische Kunst in Österreich*, Vienne-Hanovre-Bern, 1962.

B<small>ECKSMANN</small>, *Vitrea dedicata. Das Stifterbild in der deutschen Glasmalerei des Mittelalters*, Berlin, 1975.

B<small>RENK</small>, B., *Die romanische Wandmalerei in der Schweiz*, Berne, 1963.

B<small>UCHKREMER</small>, J., *Dom zu Aachen. Beiträge zur Baugeschichte*, Aix-la-Chapelle, 1940-1955, 3 vol.

C<small>OLLON</small>-G<small>EBAERT</small>, S., *et al.*, *Art roman dans la vallée de la Meuse aux XIe et XIIe siècles*, Bruxelles, 1962.

D'O<small>NOFRIO</small>, M., *Roma e Aquisgrana*, Rome, 1983.

MASIN, Jiri, *Romanesque Mural Painting in Bohemia and Moravia*, Prague, 1954.

MATEJCEK, A. et PESINA, J., *La Peinture gothique tchèque*, 1350-1450, Prague, 1955.

Ornamenta Ecclesiae. Kunst und Künstler der Romanik(catalogue de l'exposition du Schnütgen-Museum), Cologne, 1977, 3 vol.

Die Parler und der Schöne Stil 1350-1440. *Europäische Kunst unter den Luxemburgern*, éd. A. Legner, Köln, 1978-1980, 4 vol.

Rhin-Meuse. Art et culture, 800-1400, Bruxelles, 1973.

Die Zeit der Staufer(catalogue de l'exposition du Württembergisches Landesmuseum), Stuttgart, 1977, 5 vol.

영국-아일랜드

ALEXANDER, J. J. G., ⟨Insular Manuscripts from the 6th to the 9th Century⟩(*A Survey of Manuscripts Illuminated in the British Isles*, éd. J. J. G. Alexander, 1), Londres.

L'Art celtique, éd. B. Raftery, Paris, 1990.

Art and Patronage in the English Romanesque, éd. S. Macready et F. H. Thompson, Londres, 1986.

AVRIL, F., et STIRNEMANN, P., ⟨Manuscrits enluminés d'origine insulaire, VIe-XXe s.⟩, *Manuscrits enluminés de la Bibliothèque nationale*, Paris, 1987.

BOASE, T. S. R., *English Art* 1100-1216, Oxford, 1953.

BRIEGER, P., *English Art* 1216-1307, Oxford, 1968.

BROWN, R. Allen, *English Castles*, Londres, 1976.

CHEETHAM, F., *English Medieval Alabasters. With a Catalogue of the Collection in the Victoria and Albert Museum*, Oxford, 1984.

COLVIN, H. M., *Building Accunts of King Henry III*, Oxford, 1971.

English Medieval Industries: Craftsmen, Techniques, Products, éd. J. Blair et N. Ramsay, Londres, 1991.

English Romanesque Art 1066-1200, éd. G. Zarnecki, J. Holt et T. Holland(catalogue de l'exposition de Londres, Hayward Gallery), Londres, 1984.

HENRY, F., *Irish Art during the Viking Invasions*, Londres, 1967.

— *Irish Art during the Romanesque Period*, Londres, 1970.

KAHN, D., 〈La sculpture romane en Angleterre: état des questions〉, *Bulletin monumental*, 146, 1988, p.307-340.

KAUFFMANN, C. M., 〈Romanesque Manuscripts 1066-1190〉(*A Survey of Manuscripts Illuminated in the British Isles*, éd. J. J. G. Alexander, 3), Londres, 1975.

MARKS, R., *Stained Glass in England during the Middle Ages*, Toronto-Londres, 1993.

MORGAN, N. G., 〈Early Gothic Manuscripts(I) 1190-1250〉(*A Survey of Manuscripts Illuminated in the British Isles*, éd. J. J. G. Alexander, 4), Londres, 1982.

— 〈Early Gothic Manuscripts(II) 1250-1285〉(*A Survey of Manuscripts Illuminated in the British Isles*, éd. J. J. G. Alexander, 4), Londres, 1982.

MUSSET. L., *Angleterre romane. Le Nord de l'Angleterre*, La Pierre-qui-Vire, 1988.

Opus Anglicanum: English Medieval Embroidery(catalogue de l'exposition de Londres, Victoria and Albert Museum), Londres, 1963.

PÄCHT, O., *The Rise of Pictorial Narrative in Twelfth-Century England*, Oxford, 1962.

RAMSAY, N., 〈Alabaster〉, *English Medieval Industries: Craftsmen, Techniques, Products*, p.29-40.

SANDLER, L. Freeman, 〈Gothic Manuscripts 1285–1385〉(*A Survey of Manuscripts Illuminated in the British Isles*, éd. J. J. G. Alexander, 5), Londres, 1986.

STONE, L., *Sculpture in Britain. The Middle Ages*, Harmondsworth, 1972, 2ᵉ éd.

TEMPLE, E., 〈Anglo–Saxon Manuscripts 900–1066〉(*A Survey of Manuscripts Illuminated in the British Isles*, éd. J. J. G. Alexander, 2), Londres.

Trésors d'Irlande(Paris, Galeries nationales du Grand Palais, octobre 1982–janvier 1983), Paris, 1982.

TRISTRAM, E. W., *English Medieval Wall Painting. The Thirteenth Century*, Oxford, 1950.

프랑스

BARON, F., *Les Arts précieux à Paris aux XIVᵉ et XVᵉ siècles*, Paris, 1988.

BOÜARD, M. de, 〈De l'*aula* au donjon. Les fouilles de la motte de la Chapelle à Doué–la–Fontaine(Xᵉ–XIᵉ s.)〉, *Archéologie médiévale*, 3–4, 1973–1974, p.5–110.

BRANNER, R., *Burgundian Gothic Architecture*, Londres, 1985, 2ᵉ éd.

— *Manuscript Painting in Paris during the Reign of Saint Louis. A Study of Styles*, Berkeley–Londres, 1974.

Le Château en France, éd. J.–P. Babelon, Paris, 1986.

DESCHAMPS, P. et Thibout, M., *La Peinture murale en France. Le haut Moyen Âge et l'époque romane*, Paris, 1951.

Les Fastes du gothique. Le siècle de Charles V, Paris, 1981.

FOURNIER, G., *Le Château dans la France médiévale. Essai de sociologie monumentale*, Paris, 1978.

LACLOTTE, M., *L'École d'Avignon*, Paris, 1960.

Les Manuscrits à peinture en France du VIIe au XIIe siècle, Paris, 1954.

Les Manuscrits à peinture en France du XIIIe au XVe siècle, Paris, 1956.

MEISS, M., *French Painting in the Time of Jean de Berry*, Londres, 1967, 2 vol.

SAUERLÄNDER, W., *Gotische Skulptur in Frankreich* 1140–1270, Munich, 1970.

STERLING, Ch., *La Peinture médiévale à Paris*, 1300–1500, Paris, 1987–1990, 2 vol.

Les Trésors des églises de France(Paris, musée des Arts décoratifs), Paris, 1965.

VERGNOLLE, E., *L'Art roman en France. Architecture, sculpture, peinture*, Paris, 1994.

스페인

L'Art roman(catalogue), Barcelone–Saint–Jacques–de–Compostelle, 1961.

AVRIL, F., ANIEL, J.–P., MENTRÉ, M., SAULNIER, A., et ZALUSKA, Y., ⟨Manuscrits enluminés de la péninsule Ibérique⟩, *Manuscrits enluminés de la Bibliothèque nationale*, Paris, 1982.

DURLIAT, M., *L'Art roman en Espagne*, Paris, 1962.

COOK, W. W. S., *La Pintura mural romanica en Cataluña*, Madrid, 1956.

KINGSLEY, K., *Visigothic Architecture in Spain and Portugal: A Study in Masonry, Documents and Form*, Ann Arbor–Londres, 1980.

Los Beatos(exposition Europalia 85), Bruxelles, 1985.

MENTRÉ, M., *La Peinture mozarabe*, Paris, 1984.

PALOL, P. de, et HIRMER, M., *Early Medieval Art in Spain*, Londres, 1967.

PALOL, P. de, ⟨Arte y Arqueologia⟩, *Historia de España Menendez Pidal*, t. 3, *España visigoda*, vol. 2, Madrid, 1991, p.245-267.

PALOL, P. de, et RIPOLL, G., *Les Goths. Ostrogoths et Wisigoths en Occident, V°-VIII° s.*, Paris, 1990.

RIPOLL, G., ⟨Arquitectura visigoda⟩, *Cuadernos de Arte Espanol*, n° 99, 1993.

— *L'Archéologie funéraire de Bérique d'après la collection wisigothique du Römisch-Germanisches Zentralmuseum de Mayence*(micrifiches), Lille, 1993.

SCHLUNK, H. et HAUSCHILD, T., *Die Denkmäler der frühchristlichen und Westgotischen Zeit*, Mayence, 1978.

ULBERT, T., *Frühchristlichen Basiliken mit Doppelapsiden auf der Iberischen Halbinsel*, Berlin, 1978.

VILLALON, M. C., *Merida visigoda. La esculture arquitectonica y liturgica*, Badajoz, 1985.

YARZA, J., *Historia del arte hispánico*, t. 2: *La Edad Media*, Madrid, 1980.

이탈리아

L'Art dans l'Italie méridionale. Aggiornamento dell'opera di Emile Berteux, éd. A. Prandi, Rome, 1978, 4 vol.

AVRIL, F., GOUSSET, M.-Th., et RABEL, C., ⟨Manuscrits enluminés d'origine italienne, 2: XIII° s.⟩, *Manuscrits enluminés de la Bibliothèque nationale*, Paris, 1984.

AVRIL, F., et ZALUSKA, Y., ⟨Manuscrits enluminés d'origine italienne,

1: VIe-XIIe s.〉, *Manuscrits enluminés de la Bibliothèque nationale*, Paris, 1980.

AVRIL, F., ZALUSKA, Y., GOUSSET, M.-Th., et PASTOUREAU, M., *Dix Siècles d'enluminure italienne(VIe-XVIe s.)*, Paris, 1984.

BELTING, H., *Die Oberkirche von San Francesco in Assisi*, Berlin, 1977.

Benedetto Antelami. Catalogo dell'opere, éd. A. Calzona et G. Z. Zanichelli, Milan, 1990.

BERTAUX, E., *L'Art dans l'Italie méridionale de la fin de l'Empire romain à la conquête de Charles d'Anjou*, Paris, 1903(réimpr. Rome, 1968).

BOLOGNA, F., *Early Italian Painting*, Londres, 1963.

— *Novità su Giotto. Giotto al tempo della cappella Peruzzi*, Turin, 1969.

BRUSCHI, A. et MIARELLI-MARIANI, G., *Architettura sveva nell'Italia meridionale. Reperti dei castelli federiciani*, Prato, 1975.

DEMUS, O., *The Mosaics of San Marco in Venice*, Chicago-Londres, 1984, 4 vol.

Federico II e l'arte nel Duecento italiano(Atti della III Settimana di studi di storia dell'arte medievale dell'Università di Roma, Roma, 1978), éd. A. M. Romanini, Galatina, 1980, 2 vol.

FRANCOVITCH, G. de, *Benedetto Antelami architetto e scultore e l'arte del suo tempo*, Milan-Florence, 1952.

FRUGONI, C., 〈*Domine, in conspectu tuo omne desiderium meum*: visioni ed immagini in Chiara da Montefalco〉, *S. Chiara da Montefalco e il suo tempo*, éd. C. Leonardi et E. Menesto, Florence, 1985, p.154-174.

— 〈Su un 'immaginario' possibile di Margherita da Città di Castello〉,

Il movimento religioso femminile in Umbria nei secoli XIII-XIV, Florence, 1984, p.205-216.

GARRISON, E. B., *Studies in the History of Medieval Italian Painting*, Florence, 1953-1962, 4 vol.

GÖTZE, H., *Castel del Monte. Gestalt, Herkunft und Bedeutung*, Heidelberg, 1984(Sitzungsberichte der Heidelberger Akademie der Wissenschaften. Philosophisch-historische Klasse, 1984, 2).

HASELOFF, A., *Die Bauten der Hohenstaufen in Unteritalien*(trad. italienne: *Architettura sveva nell'Italia meridionale*, Bari, 1992, 2 vol.), Leipzig, 1920, 2 vol.

HEYDENREICH, F., *Éclosion de la Renaissance. Italie*, 1400-1460, Paris, 1972.

KAFTAL, G., *Iconography of the Saints in Tuscan Painting*, Florence, 1952.

KENT, F. W. et Simons, P., *Patronage, Art and Society in Renaissance Italy*, Oxford, 1987.

LOBRICHON, G., *Assise. Les fresques de la basilique inférieure*, Paris, 1985.

LONGHI, R., *La Pittura umbra della prima metà del Trecento*, Florence, 1973.

MEISS, M., *La Peinture à Florence et à Sienne après la peste noire*(trad. française), Paris, 1994.

PACE, V., ⟨Scultura federiciana in Italia meridionale e scultura dell'Italia meridionale di età federiciana⟩, *Intellectual Life at the Court of Frederick II Hohenstaufen*(Proceedings of the International Colloquium, Washington, D. C., 1990), *Studies in the History of Art* 44.

PIGNATTI, T., *Venezia. Mille anni d'arte*, Venise, 1989.

RUSSO, D., ⟨Venise, chef d'empire(XIVᵉ-XVᵉ s.)⟩, *L'Histoire de*

Venise par la peinture, éd. G. Duby et G. Lobrichon, Paris, 1991.

SAUERLÄNDER, W., ⟨La cultura figurativa emiliana in età romanica⟩, *Nicholaus e l'arte del suo tempo. Atti del seminario tenutosi a Ferrara, settembre* 1981, éd, A. M. Romanini, t. 1, Ferrare, 1984, p.53-92.

STAHMER, E., ⟨Die Verwaltung der Kastelle im Königreich Sizilien unter Kaiser Friedrich II. und Karl I. von Anjou⟩, *Die Bäuten der Hohenstaufen in Unteritalien*, Ergänzungsband I, Leipzig, 1914.

WAGNER-RIEGER, R., *Die italienische Baukunst zu Beginn der Gotik*, Graz-Cologne, 1956-1957, 2 vol.

WILLEMSEN, C. A., *Apulien. Kathedralen und Kastelle. Eine Kunstiführer durch das normannisch-staufische Apulien*, Schauberg, 1971.

스칸디나비아 세계

FUGLESANG, S. H., *Some Aspects of the Ringerike Style*, Odense, 1980.

FUGLESANG, S. H., ⟨Early Viking Art. Stylistic Groups in late Viking and Early Romanesque Art⟩, *Acta ad archaeologiam et artium historiam pertinentia*, ser. alt. in-8°, Rome, 1, 1981, p.79-125 et 2, 1982, p.125-173.

FUGLESANG, S. H., ⟨Ikonographie der skandinavischen Runensteine der jüngeren Wikingerzeit⟩, *Zum Problem der Deutung frühmittelalterlicher Bildinhalte*, éd. H. Roth, Sigmaringen, 1986, p.183-210.

FUGLESANG, S. H., ⟨Viking Art⟩, *Medieval Scandinavia. An Encyclopedia*, éd. P. Pulsiano(avec bibiliographie complète), New York-Londres, 1993, p.694-700.

Les Vikings. Les Scandinaves et l'Europe, 800-1200(=*From Viking to Crusader. The Scandinavians and Europe* 800-1200, Copenhague-New York, 1992), éd. Rosedahl, E. *et al.*, Paris, 1992.

WILSON, D. M. et KLIDNT-JENSEN, O., *Viking Art*, Londres, 1966 (réimpr. 1980).

4. 시대들

중세 초기

Age of Spirituality. Late Antique and Early Christian Art, Third to Seventh Cenruties, éd. Weitzmann, K., New York, 1979.

⟨L'Art et la Société à l'époque carolingienne⟩, *Cahiers Saint-Michel-de-Cuxa*, 23, 1992.

BRAUNFELS, W., *Die Welt der Karolinger und ihre Kunst*, Munich, 1968.

Commitenti e produzione artistico-letteraria nell'alto Medioevo occidentale, Spolète, 1992.

CONANT, K. J., *Carolingian and Romanesque Architecture* 800-1200, Harmondsworth, 1966, 2ᵉ éd.

DURLIAT, M., *Des barbares à l'an mil*, Paris, 1985.

GRODECKI, L., MÜTHERICH, F., TARALON, J., et WORMALD, F., *Le Siècle de l'an mil*, Paris, 1973.

HEITZ, C., *L'Architecture religieuse carolingienne. Les formes et leurs fonctions*, Paris, 1980.

HUBERT, J., PORCHER, J. et VOLBACH, W. F., *L'Empire carolingien*, Paris, 1968.

JACOBSEN, W., ⟨Gab es die karolingische 'Renaissance' in der Baukunst?⟩, *Zeitschrift für Kunstgeschichte*, 3, 1988, p.313-347.

Karl der Grosse. III, Karolingische Kunst, éd. W. Braunfels et H. Schnitzler, Düsseldorf, 1965.

Karl der Grosse(catalogue), Aix-la-Chapelle, 1965.

KOHLER, W., *Die karolingische Miniaturen*. (I) ⟨Die Schule von Tours⟩, Berlin, 1930-1933, 3 vol.; (II) ⟨Die Hofschule Karls des Grossen⟩, Berlin, 1958, 2 vol.; (III) ⟨Die Gruppe des Wiener Krönungs-Evangeliars⟩, Berlin, 1960, 2 vol.

— et MÜTHERICH, F., *Die karolingische Miniaturen*. (IV) ⟨Die Hofschule Kaiser Lothars⟩, Berlin, 1971; (V) ⟨Die Hofschule Karls des Kahlen⟩, Berlin, 1982.

KRAUTHEIMER, R. ⟨The Carolingian Revival of Early Christian Architecture⟩, *Art Bulletin*, 24, 1942, p.1-38.

MÜTHERICH, F. et GAEHDE, J. E., *Karolingische Buchmalerei*, Munich, 1976.

Testo e immagine nell'alto Medioevo, Spolète, 1994.

Bernward von Hildesheim und das Zeitalter der Ottonen(Katalog der Ausstellung Hildesheim 1993. Dom-und Diöcesanmuseum Hildesheim, Roemar-und Pelizäus-Museum), hrsg. von M. Brandt und A. Eggebrecht, Mainz, 1993, 2 vol.

BLOCH, P. et SCHNITZLER, H., *Die ottonische Kölner Malerschule*, Düsseldorf, 1967-1970, 2 vol.

HOFFMANN, H., ⟨Buchkunst und Konigtum im ottonischen und frühsalischen Reich⟩, *Monumenta Germaniae Historica, Schriften*, 30, Hiersemann, Stuttgart, 1986.

KUDER, U., ⟨Bischof Ulrich von Augsburg in der mittelalterlichen Buchmalerei⟩, *Bischof Ulrich von Augsburg 890-973. Seine Zeit-sein Leben-seine Verehrung. Festschrift aus Anlass des tausendjährigen Jubiläums seiner Kanonisation im Jahre 993*, éd. M. Weitlauff, Weissenhorn(Bavière), 1993, p.413-482.

MÜTHERICH, F., ⟨Die ottonische Buchmalerei⟩, *Literaturversorgung in den Geisteswissenschaften*(75. Deutscher Bibliothekartag in Trier, 1985), Frankfort-sur-le-Main, 1985, p.357-370.

SCHRAMM, P. E., et MÜTHERICH, F., *Denkmale der deutschen Könige und Kaiser. Ein Beitrag zur Herrschergeschichte von Karl den Grossen bis Friedrich II.* 768-1250, Munich, 1981.

Die Zeit der Ottonen und Salier, Munich, 1973.

로마네스크 양식의 유럽

AVRIL, F., BARRAL I ALTET, X., et GABORIT-CHOPIN, D., *Le Monde roman.* (I) ⟨Le temps des croisades⟩, Paris, 1982; (II) ⟨Les royaumes d'Odccident⟩, Paris, 1983.

CHRISTE, Y., *Les Grands Portails romans. Études sur l'iconologie des théophanies romanes*, Geneve, 1969.

CLAUSSEN, P. C., *Magistri doctissimi romani. Die römischen Marmorkünstler des Mittelalters*, Stuttgart, 1987.

CROZET, R., *L'Art roman en Poitou*, Paris, 1948.

— *L'Art roman en Saintonge*, Paris, 1971.

DEMUS, O., *La Peinture murale romane*, Paris, 1970.

DURLIAT, M., *La Sculpture romane de la route de Saint-Jacques. De Conques à Compostelle*, Mont-de-Marsan, 1990.

English Romanesque Art 1066-1200, éd. G. Zarnecki, J. Holt et T. Holland, Londres, 1984.

⟨La Frçade romane⟩(actes du colloque de Poitiers, 26-29 septembre 1990). *Cahiers de civilisation médiévale*, 34, 1991.

⟨Fassade⟩, *Reallexikon zur deutschen Kunstgeschichte*, 7, Munich 1981, col. 536-690.

GRODECKI, L., *Le Vitrail roman*, Paris, 1997.

HAMANN MCLEAN, R., ⟨Les origines des portails et façades sculptés gothiques⟩, *Cahiers de civilisation médiévale*, 2, 1959, p.157−175.

Lanfranco e Wiligelmo. Il Duomo di Modena(catalogue de l'exposition, Modène, Palazzo Comunale, juin−octobre 1984), Modène, 1984.

MAZAL, O., *Buchkunst der Romanik*, Graz, 1978.

QUINTAVALLE, A. C., *Il Battistero di Parma*, Parme, 1989.

— *La Cattedrale di Parma e il romanico europeo*, Parme, 1974.

SCHAPIRO, M., *Romanesque Art*, Londres, 1977.

SWARZENSKI, H., *Monuments of Romanesque Art*, Londres, 1954.

TOUBERT, H., *Un art dirigé. Réforme grégorienne et iconigraphie*, Paris, 1990.

VERZÀR, C., *Portals and Politics in the Early Italian City−state. The Sculpture of Nicholaus in Context*, Parme, 1988.

WETTSTEIN, J., *La Fresque romance*, Paris−Genève, 1971−1978, 2 vol.

WILSON, D. M., *The Bayeux Tapestry*, Londres, 1985.

ZARNECKI, G., *Studies in Romanesque Sculpture*, Londres, 1979.

클뤼니 수도회 예술, 시토 수도회 예술

AUBERT, M., *L'Architecture cistercienne en France*(avec bibliographie antérueure), Paris, 1947, 2 vol.

AUBERT, M. ⟨Existe−t−il une architecture cistercienne?⟩, *Cahiers de civilisation médiévale*, 1, 1958, p.153−158.

BAUD, A. et ROLLIER, G., ⟨Dernier état des connaissances sur Cluny livrées par les fouilles archéologiques⟩, *Bulletin monumental*, 151, 1993, p.453−468.

Cistercian Art and Architecture in the British Isles, éd. C. Norton et D. Park, Cambridge, 1986.

Cluny III. La Maior Ecclesia(catalogue de l'exposition aux écuries de

Saint-Hugues, Cluny, 4 juin-30 septembre 1988).

CONANT, K. J., *Cluny, les Églises et la Maison du chef d'ordre*, Mâcon, Protat, 1968.

⟨Current Studies on Cluny⟩, *Gesta*, 27, 1988.

DIEMER, P., *Untersuchungen zu Architektur und Skulptur der Abteikirche von Saint-Gilles*, Stuttgart, 1978.

DIMIER, A., *Recueil de plans d'églises cisterciennes*, Grignan-Paris, 1949-1967, 3 vol.

— et Porcher, J., *L'Art cistercien*. I ⟨France⟩, La Pierre-qui-Vire, 1962.

DUBY, G., *Saint Bernard. L'art cistercien*, Paris, 1976.

FERGUSSON, P., *Architecture of Solitude. Cistercian Abbeys in Twelfth Century England*, Princeton, 1984.

Le Gouvernement d'Hugues de Semur à Cluny(actes du Colloque scientifique international, Cluny, septembre 1988), Cluny, 1990.

PALAZZO, E., ⟨L'iconographie des fresques de Berzé-la-Ville dans le contexte de la Réforme grégorienne et de la liturgie clunisienne⟩, *Les Cahiers de Saint-Michel-de-Cuxa*, 19, 1988, p.169-185.

Ratio fecit diversum. San Bernardo e le arti(Atti del Congresso internazionale, Rome, 1991), éd, A. M. Romanini, Rome, 1993.

ROMANINI, A. M., ⟨ 'Povertà' e razionalità nell'architettura cistercense del XII secolo⟩, *Povertà e ricchezza nella spiritualità dei secoli XI e XII*(Atti dell'VIII Convegno del Centro di studi sulla spiritualità medievale, Todi, 1967), Todi, 1969, p.188-225.

— ⟨Le abbazie fondate da San Bernardo in Italia e l'architettura cistercense 'primitiva' ⟩, *Studi su San Bernardo di Chiaravalle nell'ottavo centenario della canonizzazione*(Convegno internazionale, Certosa di Firenze, 1974), Rome, 1975, p.281-303.

— 〈Il 'Maestro dei Moralia' e le origini di Cîteaux〉, *StArte*, 34, 1978, p.221-245.

— 〈La storia dell'arte e la polemica Clairvaux-Cluny〉, *Alla memoria di Renata Cipriani, Paragone*, 34, 1983, p.401-403.

RUDOLPH, C., *The 'Things of Greater Importance.' Bernard of Clairvaux's Apologia and the Medieval Attitude Toward Art*, University of Pennsylvania Press, Philadelphia, 1990.

Saint Bernard et le Monde cistercien, éd. L. Pressouyre et T. N. Kinder(catalogue), Paris, 1990.

SAPIN, C., *La Bourgogne préromance. Construction, décor et fonction des édifices religieux*, Paris, Picard, 1986.

— 〈Cluny II et l'interprétation archéologique de son plan〉, *Religion et culture autour de l'an Mil. Royaume capétien et Lotharingie*, éd. D. Iogna-Prat et J.-C. Picard, Paris, Picard, 1990, p.85-89.

STRATFORD, N., 〈Les bâtiments de l'abbaye de Cluny â l'époque médiévale. État de la question〉, *Bulletin monumental*, 150, 1992, p.383-411.

ZALUSKA, Y., *L'Enluminure et le Scriptorium de Cîteaux au XII* siècle*, Cîteaux, 1989.

Die Zisterzienser. Ordensleben zwischen Ideal und Wirklichkeit (catalogue de l'exposition, Aix-le-Chapelle, 1980), Cologne, 1981, 2 vol.

고딕 양식의 유럽

ALOMAR, G., *Guillem Sagrera y la arquitectura gotica del siglo XV*, Barcelone, 1970.

ALTISENT, A., *Historià de Poblet*, Abbaye de Poblet, 1974.

BIALOSTOCKI, J., *L'Art du XV* siècle, des Parler à Dürer*, Paris, 1993.

BOOZ, P., *Der Baumeister der Gotik*, Munich—Berlin, 1956.

BRANNER, R., 〈Villard de Honnecourt, Reims and the Birth of Go-thic Architectural Drawing〉, *Gazette des Beaux—Arts*, 61, 1963.

BUCHER, F., 〈Design in Gothic Architecture. A Preliminary Asse-ssment〉, *Journal of the Society of Architectural Historians*, 27, 1968.

— *Architector. The Lodge Books and Sketchbooks of Medieval Architects*, t. 1, New Youk, 1970.

CASTELNUOVO, E., *Un pittore italiano alla corte di Avignone. Ma-tteo Giovanetti e la pittura in Provenza nel secolo XIV*, Einaudi, Turin, 1962.

Chefs—d'œuvre de la tapisserie du XIV au XVI siècle(catalogue de l'exposition de Paris, Grand Palais), Paris, 1973.

DALMASES, N., et JOSE—PITARCH, A., 〈L'art gotic, s. XIV—XV〉, *Historia de l'art català*, t. 3, Barcelone, 1984.

DURAN SANPERE, A., et AINAUD DE LASARTE, J., *Escultura gotica*, Madrid, 1956.

DURLIAT, M., *L'Art dans le royaume de Majorque*, Toulouse, 1962.

ERLANDE—BRANDENBOURG, A., *La Cathédrale*, Paris, 1992.

ERLANDE—BRANDENBOURG, A., *La Conquête de l'Europe*, 1260—1380, Paris, 19870

L'Europe gothique, XII—XIV siècle(catalogue de l'exposition, Paris, musée du Louvre, pavillon de Flore, avril—juillet 1968), Paris, 1968.

FOLCH I TORRES, J., *L'Art català*, I, Barcelone, 1955.

LAVEDAN, P., *L'Architecture gothique religieuse en Catalogne, Valence et Baléares*, Paris, 1935.

LESTOCQUOY, J., *Deux Siècles de l'histoire de la tapisserie*(1300—1500), Arras, 1978.

PUIG I CADAFALCH, J., 〈El problema de la transformacio de la catedral del nord importada a Catalunya. Contribucio a l'estudi de la arquitectura gotica meridional⟩, *Miscellania Prat de la Riba*, Barcelone, 1927.

SAUERLÄNDER, W., *Le Monde gothique. Le siècle des catgédrales*, 1140−1260, Paris, 1989.

SHELBY, L. R., *Gothic Design Techniques*, Londres−Amsterdam, 1977.

The Year 1200: *A Symposium*, éd. F. Avril *et al.*, New York, 1965.

연 보

유럽

300년 테오도시우스의 칙령을 통해 기독교가 로마 제국의 종교가 되다.

395년 로마 제국은 동로마 제국과 서로마 제국으로 양분되다.

476년 서로마 제국이 무너지다.

800년 샤를마뉴 대제의 황제 즉위.

875년 대머리왕 카를 대제 즉위.

888년 비만왕 카를 3세가 황제의 직위에서 폐위되다.

962년 게르마니아의 왕, 오토 1세가 자신을 위해 제국을 복원시키다.

1054년 분열로 인해 콘스탄티노플의 교회와 로마 교회가 공식적으로 분리되다.

1095년 위르뱅 2세가 십자군 전쟁을 호소하다.

1099년 예루살렘이 십자군에 의해 점령되다.

1147-1149년 제2차 십자군 출정.

1202년 교황 이노켄티우스 3세가 교황청의 절대권을 요구하다.

1204년 제4차 십자군 출정. 십자군이 콘스탄티노플을 약탈하고 라틴 제국을 설립하다.

1215년 제4차 라테란 공의회.

1274년 제2차 리옹 공의회.

1275년 베네치아의 마르코 폴로 극동 방문.

1291년 프톨레마이오스의 점령으로 동방의 십자군 왕국들이 종말을 고하다.

1309-1377년 아비뇽의 교황청.

1348-1351년 페스트의 대재앙.

1377-1383년 유럽 전역에서 반란.

1378-1417년 아비뇽과 로마의 두 예속 세력들 사이에 대분열.

1396년 니코폴리스에서 터키군에게 십자군의 패배.

1431-1439년 바젤 공의회에서 교황의 권력을 제한하는 공의회 중심주의의 일시적 승리.

이탈리아와 아드리아 해

410년 고트족의 왕 알라리크가 로마를 약탈하다.

481-493년 이탈리아가 동고트족에 의해 정복되다.

524년 동고트족의 왕 테오도리쿠스가 보이티우스를 처형시키다.

533-540년 비잔틴인들이 이탈리아를 재정복하다.

568-572년 롬바르디아인들이 북부 이탈리아를 점령하다.

590-604년 교황 그레고리우스 대제 재위.

614년 성 콜롬반이 보비오에 수도원을 설립하다.

620-641년 세르비아인들과 크로아티아인들이 발칸 반도에 정착하다.

653년 롬바르디아인들이 가톨릭으로 개종.

715-744년 교황들과 롬바르디아인들 사이의 갈등.

751년 이탈리아에서 비잔틴 세력의 종말.

754년 프랑크족의 왕 간단한 자 피핀(Pippin le Bref)이 롬바르디아인들에 맞서 이탈리아에 개입하다.

773-774년 샤를마뉴 대제가 롬바르디아 왕국을 점령하다.

846년 사라센인들이 로마를 약탈하다.

902년 아랍인들이 시칠리아 정복을 마감하다.

1059년 푸글리아와 칼라브리아에 정착한 노르망디인들이 교황에 의해 인정된 공국을 세우다.

1071년 노르망디인들이 이탈리아에서 비잔틴의 마지막 보루인 바리를 점령하다.

1082년 베네치아가 비잔틴 제국에서 상업적 특권을 획득하다.

1091년 노르망디인들이 시칠리아의 아랍 자치령을 파괴하다.

1130년 노르망디인 시칠리아의 로제르 2세가 왕으로 등극하다. 그는 튀니지와 펠로폰네소스 반도에서 정복을 시도하다.

1160년 프리드리히 대제가 밀라노를 유린하다.

1167년 롬바르디아의 자치 도시들, 그리고 베로나 및 베네치아를 중심으로 교황과 함께 형성된 동맹이 프리드리히 대제에 대항해 봉기하다.

1176년 콘스탄츠에서 프리드리히 대제가 롬바르디아의 자치 도시들의 자율권을 인정하다.

1194년 시칠리아 왕국이 결혼을 통해 호엔슈타우펜가(家)로 넘어가다.

1197년 크레모나의 상인 호메본이 성인품에 올라가다.

1202-1204년 베네치아가 제4차 십자군 원정을 위해 에게 해와 흑해에 정착하다.

1210년경 아시시의 프란체스코가 최초의 공동체들을 설립하다.

1237년 시칠리아의 왕이자 서로마 제국 황제인 프리드리히 2세가 롬바르디아 도시들의 동맹에 승리를 거두다.

1255년경 도미니크회 회원인 야코보 다 바라체가 《성인 전기집 *La Légende dorée*》을 집필하다.

1266년 나폴리와 시칠리아 왕국이 앙주의 샤를 1세로 넘어가다.

1268년 파브리아노에서 종이 만드는 최초의 방아 등장.

1271년 앙주의 샤를 1세가 알바니아 왕국을 세우다.

1284년 베네치아가 시칠리아 · 제노바 · 피렌체 왕국을 본받아 금화인 두카를 찍어내다.

1293년 피렌체에서 부르주아지가 귀족들에 승리를 거둠(마그나티).

1297년 베네치아의 대평의회는 신참자들에게 문호를 개방하지 않는다.

1300년 로마에서 대사(大赦)년. 어음의 등장.

1302년 아라곤인들이 시칠리아를 수중에 넣다.

1304-1321년 단테의 《신곡》.

1307년 시에나의 부오시그노리 가문 은행가들의 파산.

1343-1346년 피렌체의 바르디사와 페루치사의 파산.

1350-1355년 보카치오의 《데카메론》.

1378년 피렌체에서 키옴피가(家)의 반란.

1378-1381년 제노바와 베네치아 사이의 전쟁이 후자에게 유리하게 끝나다.

1380년 시에나의 카테리나 죽음.

1382년 앙주의 루이 공작의 이탈리아 원정.

1392-1393년 루이 도를레앙이 이탈리아에 개입하다.

1404-1405년 베네치아가 포 강에서 아다 강까지의 계곡을 점령하다.

1434년 코스모 다 메디치가 피렌체에서 실질적인 권력을 행사하다.

1435년-1442년 앙주인들이 아라곤인들에게 나폴리 왕국을 빼앗기다.

이베리아 반도

456-457년 툴루즈 왕국의 서고트인들이 지배를 스페인으로 넓히다.

533-565년 유스티니아누스 대제가 스페인의 일부를 재정복하다.

587년 서고트인 왕 레카레데가 가톨릭으로 개종하다.

711-713년 아랍인들이 스페인을 점령하다.

717년 기독교의 저항이 아스투리아의 고립 지역에서 조직되다.

785년 코르도바에 대이슬람 사원 건립.

852년 나바르 지역이 기독교 왕국으로 조직되다.

914년 아스투리아와 레온의 기독교 왕국들이 레온을 중심으로 결집되다.

929-1031년 코르도바의 칼리프 통치.

1085년 카스티야의 왕 알폰소 6세가 톨레도를 되찾다.

1102년 스페인에 알무라비툰인들의 도착.

1139년 포르투갈 왕국 성립.

1140년경 《시드의 노래 *Cantar de mio Cid*》.

1145년 알모와히둔인들이 스페인을 침략하다.

1198년 코르도바에서 아베로에스 사망.

1212년 라스 나바스 데 톨로서에서 기독교의 승리.

1230년 카스티야 왕국과 레온 왕국의 합병은 카스티야 왕들에게 스페인에서 지배권을 확보해 주다.

1236년 코르도바의 점령.

1248년 세비야의 재정복.

1252-1284년 현자 알폰소 10세 카스티야의 왕 재위.

1258년 프랑스 왕과 아라곤 왕의 조약 체결.

1262년 아라곤 왕국의 분할로 마조르카 왕국이 탄생하다.

1282년 페드로 3세가 시칠리아를 자신의 아라곤 왕국에 병합하다.

1290년 리스본대학 설립.

1297년 카스티야의 왕과 포르투갈의 왕이 두 나라 국경을 결정적으로 인정하는 조약을 체결하다.

1391년 유대인들 처형.

1415년 북아프리카에 최초의 포르투갈 진출(세브타).

섬나라 왕국들

441-450년 앵글인들과 색슨인들이 남부 영국 섬의 식민화를 공고히 하다.

664년 휘트비 종교회의가 영국에 로마식 예배 풍습을 확립하다(골 지방과 콘월 지방 제외).

793년 영국에 바이킹들의 최초 침입.

825년 웨식스 왕조가 영국의 남부를 지배하고, 카롤링거 제국과 관계를 맺다.

878년 웨식스의 왕 앨프레드가 바이킹들을 여지없이 격파하다.

954년 요크의 덴마크 왕국 몰락.

1030-1035년 영국과 스칸디나비아에서 덴마크가 헤게모니를 쥐다.

1066년 노르망디의 공작 정복자 기욤이 영국을 점령하다.

1085년 정복 이후에 영국의 봉토들을 집계한 〈토지 대장〉 제작.

1146년경 아델라르 드 바트의 천문시계 《아스트롤라비움》.

1154년 플랜태저넷 왕가의 헨리 3세가 영국의 왕과 아키텐의 공작
　이 되다.

1165년 캔터베리의 대주교 토마스 베케트가 프랑스에 유배되다.

1170년 토마스 베케트가 캔터베리의 대성당에서 암살되다. 그는
　1173년에 성인품에 오른다.

1171년 헨리 2세에 의한 더블린 점령.

1202년 영국의 무지왕(無地王) 존이 필리프 오귀스트의 법정에 의
　해 프랑스의 봉토들이 몰수되는 판결을 받다.

1215년 영국 왕에 대해 제후들의 자유를 인정하는 마그나 카르타
　공포.

1224-1235년 로버트 그로스테스트 옥스퍼드대학 총장 재위.

1246-1247년 로버트 그로스테스트가 아리스토텔레스의 《니코마
　코스 윤리학》을 번역하다.

1258년 헨리 3세가 옥스퍼드의 《규정들》을 양보하지 않을 수 없
　게 되다.

1259년 헨리 3세가 파리에서 루이 9세에게 경의를 표하다.

1259-1265년 제후들이 헨리 3세에 대항해 반란을 일으키다.

1297년 에드워드 1세가 영국 의회의 특권을 인정하다.

1300년 둔스 스코투스가 옥스퍼드에서 가르치다.

1310-1315년 윌리엄 오브 오컴의 옥스퍼드 재위.

1377-1382년 존 위클리프파 교도들의 운동.

1387-1400년 제프리 초서의 《캔터베리 이야기》.

1396년 리처드 2세가 프랑스 왕 샤를 6세의 딸과 결혼하다.

1430년　영국 왕 헨리 6세가 프랑스 왕으로 등극하다.

중부 및 북부 유럽

537년　콘스탄티노플의 성 소피아 성당의 봉헌식.

578년　발칸 반도에 슬라브인들의 침략 시작.

728-843년　비잔틴 제국에서 성상 파괴 논쟁.

735년　마자르족이 드니프르 강과 돈 강 사이에 정착하다.

738년　수도사 보니파키우스가 게르마니아의 기독교화를 조직하는 임무를 맡다. 8세기 모라바 강 유역에 슬라브 공국 건립.

787년　니케아 2세의 공의회가 우상파괴주의에 일시적으로 종지부를 찍다.

850년경　공국들이 바이킹의 영향으로 키에프와 노프고로드에 형성되다.

862년　모라바에 성 키릴과 메토드 도착.

900년　로마식 예배가 모라바에 재확립되다.

919년　게르마니아에서 카롤링거 왕조가 소멸됨으로써 왕국이 작센의 공작 하인리히 1세로 넘어가다.

925년경　마자르족이 파노니아에 정착하다.

955년　레흐 강(베이른)에서 마자르족의 패배.

966년　푸른 이의 하랄 왕과 폴란드 공작 미에스즈코의 세례.

972년　황제 오토 2세가 콘스탄티노플의 황제의 딸 테오파노와 결혼하다.

988년　키에프의 군주가 비잔틴 기독교로 개종하다.

1000년　헝가리의 왕 에티엔이 마자르족을 로마 기독교로의 개종을 강제하다. 1000년을 중심으로 스칸디나비아의 나라들과 아이슬란드가 역시 로마의 영향권에 들어가다.

1077년 황제 하인리히 4세가 교황에 굴복하다(카노사).

1102년 헝가리의 왕 콜로만이 크로아티아를 자신의 왕국에 병합하다.

1122년 보름스 화친 조약이 1076년에 시작된 서임권 쟁탈전을 종결짓다.

1137년 호엔슈타우펜가의 콘라드 3세가 게르마니아의 왕에 선출됨.

1141-1150년 빈젠의 힐데가르트의 《시비아스》.

1152년 갈색 수염의 황제 프리드리히 1세 등극.

1170년경 프파프 콘라드의 《롤란드슬리에드》.

1210년경 고트프리드 폰 스트라스부르크의 《트리스탄》, 에셴바흐의 《파르지팔》.

1220년 프리드리히 2세 황제 즉위.

1222년경 도미니크회 회원들 쾰른에 정착하다.

1230년경 타타르인들이 남부 러시아를 약탈하다.

1241-1242년 타타르인들이 헝가리를 부다까지 약탈하다.

1242년 알렉산드르 네프스키가 튜튼 기사단에 승리를 거두다.

1261년 콘스탄티노플의 라틴 제국 종말.

1280년경 가창곡집 《카르미나 부라나》(베이른).

1300년경 스칸디나비아 반도가 한자 동맹의 통제하에 들어가다.

1307년 나폴리의 왕인 카페 왕조의 카를 1세 로베르트가 헝가리의 왕으로 선출되다.

1329년 교황 요한 22세가 마이스터 에크하르트의 교리를 단죄하다.

1348년 프라하대학 설립.

1354년 터키인들이 유럽으로 건너오다.

1355년 보헤미아의 왕 카를 4세가 황제가 되다.

1364년 크라쿠프대학 설립.

1370년 헝가리와 폴란드의 접근.

1380년 노르웨이와 덴마크의 통합.

1387년 황제 카를 4세의 아들 지기스문트가 헝가리의 왕으로 선출되다.

1410년 지기스문트가 황제 되다.

1414-1436년 후스파와의 전쟁.

1433년 지기스문트의 황제 대관식.

1438년 제국의 권좌가 합스부르크가로 결정적으로 넘어가다.

1453년 터키인들에 의한 콘스탄티노플 점령.

프랑크족과 프랑스

481-511년 클로비스가 프랑크족의 왕이 됨.

687년 헤르스탈의 피핀이 프랑크족의 북부 골 지방을 통제하다.

720년 생갈 수도원 건립.

732년 푸아티에 전투.

751년 프랑크족의 왕 피핀 즉위.

800년경 샤를마뉴(카를 대제)와 하룬 알 라시드가 선물을 교환하다.

840년경 아일랜드인들이 프랑크족 왕국들에 학교들을 세우다.

843년 프랑크족의 제국이 경건한 자 루이 왕의 세 아들 사이에 분할되다.

875년 대머리 샤를(카를) 황제 즉위.

885년 노르만인들의 파리 포위 공격.

909년 클뤼니 수도원 설립.

911년 바이킹 수장 롤롱이 노르망디 공국 건립.

987년 위그 카페가 서프랑크족의 왕이 되다.

989년 샤루에서 평화 회의.

999년 제르베르 도리야크가 교황이 되다.

1098년 시토 수도회 설립.

1142년 피에르 아벨라르의 《철학자 · 유대인 · 기독교도의 대화》.

1152-1155년 피에르 롱바르의 《금언집》.

1153년 베르나르 클레르보 사망.

1160-1185년 크레티앵 드 트루아의 작품들.

1202-1204년 필리프 오귀스트가 영국 왕의 프랑스 봉토들을 몰수
하다.

1208-1213년 알비의 십자군.

1214년 부빈 전투.

1215년 파리대학 정관.

1259년 파리 조약에서 영국 플랜태저넷가의 왕 헨리 3세가 프랑스
왕국에서 자신의 권리를 포기하고 아키텐 지방만을 간직하다.

1265-1272년 토마스 아퀴나스의 《신학대전》.

1270년 루이 9세가 제8차 십자군 원정 때 튀니지 앞에서 사망하다.

1270-1277년 파리에서 아베로에스의 철학이 단죄됨.

1275-1280년 기욤 드 로리스(1234년 경)의 계승자 장 드 묑의 《장
미 이야기》.

1302년 필리프 르 벨의 군대가 플랑드르인들에게 패배하다.

1306년 프랑스에서 유대인들의 추방.

1328년 왕조의 단절. 프랑스의 왕권이 카페 왕조에서 발루아 왕조로 넘어가다.

1337년 백년 전쟁의 시작.

1356년 검은 왕자(영국 왕 에드워드 3세의 아들)가 푸아티에 전투에서 승리하다.

1384년 프랑스의 용담왕 필리프 3세가 플랑드르와 아르투아를 상속받다.

1415년 아쟁쿠르 전투.

1429년 잔다르크가 오를레앙을 해방시키다.

1436년 파리가 영국인들로부터 탈환되다.

색 인

김웅권

한국외국어대학교 불어과 졸업

프랑스 몽펠리에3대학 불문학 박사

현재 한국외국어대학교 연구교수

학위 논문: 《앙드레 말로의 소설 세계에 있어서 의미의 탐구와 구조화》

저서: 《앙드레 말로-소설 세계와 문화의 창조적 정복》

《말로와 소설의 상징시학》《앙드레 말로의 문학 세계》

논문: 〈앙드레 말로의 《왕도》에 나타난 신비주의적 에로티시즘〉

(프랑스의 《현대문학지》 앙드레 말로 시리즈 10호),

〈앙드레 말로의 《인간 조건》에서 광인 의식〉

(미국 《앙드레 말로 학술지》 27권) 외 다수

역서: 《천재와 광기》《니체 읽기》《상상력의 세계사》《순진함의 유혹》

《쾌락의 횡포》《영원한 황홀》《파스칼적 명상》《운디네와 지식의 불》

《진정한 모럴은 모럴을 비웃는다》《기식자》《구조주의 역사 Ⅱ · Ⅲ · Ⅳ》

《미학이란 무엇인가》《상상의 박물관》《그라마톨로지에 대하여》

《어떻게 더불어 살 것인가》《과학에서 생각하는 주제 100가지》

《에로티시즘을 즐기기 위한 100가지 기본 용어》《푸코와 광기》

《실천 이성》《서양의 유혹》 등

현대신서
183

중세의 예술과 사회

초판발행 : 2005년 7월 20일

東文選

제10-64호, 78. 12. 16 등록

110-300 서울 종로구 관훈동 74

전화 : 737-2795

편집설계 : 李姃롯

ISBN 89-8038-545-5 94920
ISBN 89-8038-050-X(세트 : 현대신서)

168 세계화의 불안	Z. 라이디 / 김종명	8,000원
169 음악이란 무엇인가	N. 쿡 / 장호연	10,000원
170 사랑과 우연의 장난 〔회곡〕	마리보 / 박형섭	10,000원
171 사진의 이해	G. 보레 / 박은영	근간
172 현대인의 사랑과 성	현택수	9,000원
173 성해방은 진행중인가?	M. 이아퀴브 / 권은희	10,000원
174 교육은 자기 교육이다	H. -G. 가다머 / 손승남	10,000원
175 밤 끝으로의 여행	L. -F. 셀린느 / 이형식	19,000원
176 프랑스 지성인들의 '12월'	J. 뒤발 外 / 김영모	10,000원
177 환대에 대하여	J. 데리다 / 남수인	13,000원
178 언어철학	J. P. 레스베베르 / 이경래	10,000원
179 푸코와 광기	F. 그로 / 김웅권	10,000원
180 사물들과 철학하기	R. -P. 드루아 / 박선주	10,000원
181 청소년이 알아야 할 사회경제학자들	J. -C. 드루앵 / 김종명	8,000원
182 서양의 유혹	A. 말로 / 김웅권	10,000원
183 중세의 예술과 사회	G. 뒤비 / 김웅권	10,000원
300 아이들에게 설명하는 이혼	P. 루카스·S. 르로이 / 이은민	8,000원
301 아이들에게 들려주는 인도주의	J. 마무 / 이은민	근간
302 아이들에게 설명해 주는 죽음	E. 위스망 페렝 / 김미정	근간
303 아이들에게 들려주는 선사시대 이야기	J. 클로드 / 김교신	8,000원
304 아이들에게 들려주는 이슬람 이야기	T. 벤 젤룬 / 김교신	8,000원

【東文選 文藝新書】

1 저주받은 詩人들	A. 뻬이르 / 최수철·김종호	개정근간
2 민속문화론서설	沈雨晟	40,000원
3 인형극의 기술	A. 훼도토프 / 沈雨晟	8,000원
4 전위연극론	J. 로스 에반스 / 沈雨晟	12,000원
5 남사당패연구	沈雨晟	19,000원
6 현대영미회곡선(전4권)	N. 코워드 外 / 李辰洙	절판
7 행위예술	L. 골드버그 / 沈雨晟	절판
8 문예미학	蔡 儀 / 姜慶鎬	절판
9 神의 起源	何 新 / 洪 熹	16,000원
10 중국예술정신	徐復觀 / 權德周 外	24,000원
11 中國古代書史	錢存訓 / 金允子	14,000원
12 이미지 — 시각과 미디어	J. 버거 / 편집부	15,000원
13 연극의 역사	P. 하트놀 / 沈雨晟	절판
14 詩 論	朱光潛 / 鄭相泓	22,000원
15 탄트라	A. 무케르지 / 金龜山	16,000원
16 조선민족무용기본	최승희	15,000원
17 몽고문화사	D. 마이달 / 金龜山	8,000원
18 신화 미술 제사	張光直 / 李 徹	절판
19 아시아 무용의 인류학	宮尾慈良 / 沈雨晟	20,000원

2003 엄마 아빠, 꿈꿀 시간을 주세요!	E. 부젱 / 박주원	16,000원
2004 부모가 알아야 할 유치원의 모든 것들	N. 뒤 소수아 / 전재민	18,000원
2005 부모들이여, '안 돼'라고 말하라!	P. 들라로슈 / 김주경	19,000원
2006 엄마 아빠, 전 못하겠어요!	E. 리공 / 이창실	18,000원
3001 《새》	C. 파글리아 / 이형식	13,000원
3002 《시민 케인》	L. 멀비 / 이형식	13,000원
3101 《제7의 봉인》 비평 연구	E. 그랑조르주 / 이은민	17,000원
3102 《쥘과 짐》 비평 연구	C. 르 베르 / 이은민	18,000원
3103 《시민 케인》 비평 연구	J. 루아 / 이용주	15,000원

【기 타】

▨ 모드의 체계	R. 바르트 / 이화여대기호학연구소	18,000원
▨ 라신에 관하여	R. 바르트 / 남수인	10,000원
▨ 說 苑 (上·下)	林東錫 譯註	각권 30,000원
▨ 晏子春秋	林東錫 譯註	30,000원
▨ 西京雜記	林東錫 譯註	20,000원
▨ 搜神記 (上·下)	林東錫 譯註	각권 30,000원
■ 경제적 공포(메디치賞 수상작)	V. 포레스테 / 김주경	7,000원
■ 古陶文字徵	高 明·葛英會	20,000원
■ 그리하여 어느날 사랑이여	이외수 편	4,000원
■ 너무한 당신, 노무현	현택수 칼럼집	9,000원
■ 노력을 대신하는 것은 없다	R. 쉬이 / 유혜련	5,000원
■ 노블레스 오블리주	현택수 사회비평집	7,500원
■ 딸에게 들려 주는 작은 지혜	N. 레흐레이트너 / 양영란	6,500원
■ 미래를 원한다	J. D. 로스네 / 문 선·김덕희	8,500원
■ 바람의 자식들—정치시사 칼럼집 현택수		8,000원
■ 사랑의 존재	한용운	3,000원
■ 산이 높으면 마땅히 우러러볼 일이다	유 향 / 임동석	5,000원
■ 서기 1000년과 서기 2000년 그 두려움의 흔적들	J. 뒤비 / 양영란	8,000원
■ 서비스는 유행을 타지 않는다	B. 바게트 / 정소영	5,000원
■ 선종이야기	홍 회 편저	8,000원
■ 섬으로 흐르는 역사	김영회	10,000원
■ 세계사상	창간호~3호: 각권 10,000원 / 4호: 14,000원	
■ 십이속상도안집	편집부	8,000원
■ 얀 이야기 ① 얀과 카와카마스	마치다 준 / 김은진·한인숙	8,000원
■ 어린이 수묵화의 첫걸음(전6권)	趙 陽 / 편집부	각권 5,000원
■ 오늘 다 못다한 말은	이외수 편	7,000원
■ 오블라디 오블라다, 인생은 브래지어 위를 흐른다	무라카미 하루키 / 김난주	7,000원
■ 이젠 다시 유혹하지 않으련다	P. 쌍소 / 서민원	9,000원
■ 인생은 앞유리를 통해서 보라	B. 바게트 / 박해순	5,000원
■ 자기를 다스리는 지혜	한인숙 편저	10,000원
■ 천연기념물이 된 바보	최병식	7,800원

■ 原本 武藝圖譜通志	正祖 命撰	60,000원
■ 테오의 여행 (전5권)	C. 클레망 / 양영란	각권 6,000원
■ 한글 설원 (상·중·하)	임동석 옮김	각권 7,000원
■ 한글 안자춘추	임동석 옮김	8,000원
■ 한글 수신기 (상·하)	임동석 옮김	각권 8,000원

【만 화】

■ 동물학	C. 세르	14,000원
■ 블랙 유머와 흰 가운의 의료인들	C. 세르	14,000원
■ 비스 콩프리	C. 세르	14,000원
■ 세르(평전)	Y. 프레미옹 / 서민원	16,000원
■ 자가 수리공	C. 세르	14,000원
▨ 못말리는 제임스	M. 톤라 / 이영주	12,000원
▨ 레드와 로버	B. 바세트 / 이영주	12,000원

【동문선 주네스】

■ 고독하지 않은 홀로되기	P. 들레름 · M. 들레름 / 박정오	8,000원
■ 이젠 나도 느껴요!	이사벨 주니오 그림	14,000원
■ 이젠 나도 알아요!	도로테 드 몽프리드 그림	16,000원

【조병화 작품집】

■ 공존의 이유	제11시집	5,000원
■ 그리운 사람이 있다는 것은	제45시집	5,000원
■ 길	애송시모음집	10,000원
■ 개구리의 명상	제40시집	3,000원
■ 그리움	애송시화집	7,000원
■ 꿈	고회기념자선시집	10,000원
■ 넘을 수 없는 세월	제53시집	10,000원
■ 따뜻한 슬픔	제49시집	5,000원
■ 버리고 싶은 유산	제 1시집	3,000원
■ 사랑의 노숙	애송시집	4,000원
■ 사랑의 여백	애송시화집	5,000원
■ 사랑이 가기 전에	제 5시집	4,000원
■ 남은 세월의 이삭	제 52시집	6,000원
■ 시와 그림	애장본시화집	30,000원
■ 아내의 방	제44시집	4,000원
■ 잠 잃은 밤에	제39시집	3,400원
■ 패각의 침실	제 3시집	3,000원
■ 하루만의 위안	제 2시집	3,000원

東文選 現代新書 129

번영의 비참

— 종교화한 시장 경제와 그 적들

파스칼 브뤼크네르 / 이창실 옮김

'2002 프랑스 BOOK OF ECONOMY賞' 수상
'2002 유러피언 BOOK OF ECONOMY賞' 특별수훈

번영의 한가운데서 더 큰 비참이 확산되고 있다면 세계화의 혜택은 무엇이란 말인가?

모든 종교와 이데올로기가 붕괴되는 와중에 그래도 버티는 게 있다면 그건 경제다. 경제는 이제 무미건조한 과학이나 이성의 냉철한 활동이기를 그치고, 발전된 세계의 마지막 영성이 되었다. 이 준엄한 종교성은 이렇다 할 고양된 감정은 없어도 제의(祭儀)에 가까운 열정을 과시한다.

이 신화로부터 새로운 반체제 운동들이 사람들의 마음을 사로잡는다. 시장의 불공평을 비난하는 이 운동들은 지상의 모든 혼란의 원인이 시장에 있다고 본다. 그러나 실상은 그렇게 하면서 시장을 계속 역사의 원동력으로 삼게 된다. 신자유주의자들이나 이들을 비방하는 자들 모두가 같은 신앙으로 결속되어 있는 만큼 그들은 한통속이라 할 수 있다.

그렇다면 우리가 벗어나야 하는 것은 자본주의가 아니라 경제만능주의이다. 사회 전체를 지배하려 드는 경제의 원칙, 우리를 근면한 햄스터로 실추시켜 단순히 생산자·소비자 혹은 주주라는 역할에 가두어두는 이 원칙을 너나없이 떠받드는 상황에서 벗어나야 한다. 일체의 시장 경제 행위를 원위치에 되돌려 놓고 시장 경제가 아닌 자리를 되찾아야 한다. 이것은 우리 삶의 의미와도 직결되는 문제이기 때문이다.

파스칼 브뤼크네르: 1948년생으로 오늘날 프랑스에서 가장 영향력 있는 에세이스트이자 소설가이기도 하다. 그는 매 2년마다 소설과 에세이를 번갈아 가며 발표하고 있다. 주요 저서로는 《순진함의 유혹》(1995 메디치상), 《아름다움을 훔친 자들》(1997 르노도상), 《영원한 황홀》 등이 있으며, 1999년에는 프랑스에서 가장 많이 팔린 작가로 뽑히기도 하였다.

東文選 現代新書 153

세계의 폭력

장 보드리야르 / 에드가 모랭
배영달 옮김

　충격으로 표명된 최초의 논평 이후 2001년 9월 11일의 뉴욕 테러 사건을 어떻게 해석해야 할까? 미국 영토에서 발생한 테러리즘에 대한 이 눈길을 끄는 표현은 무엇을 의미하는 것일까?

　아랍세계연구소에서 개최된 이 두 강연을 통해서, 장 보드리야르와 에드가 모랭은 이 사건을 '세계화'의 현재의 풍경 속에 다시 놓고 생각한다.

　보드리야르의 관점에서 보면 쌍둥이 빌딩이라는 거만한 건축물은 쌍둥이 빌딩의 파괴와 무관하지 않으며, 금융의 힘과 승승장구하던 자유주의에 바쳐진 세계의 상징적 붕괴와 무관하지 않다. "극단적으로 말해서 테러리스들이 이 일을 저질렀지만, 그것은 우리가 원하는 바였다."고 그는 역설한다.

　자신이 심사숙고한 중요한 주제들이 발견되는 한 텍스트를 통해, 에드가 모랭은 테러 행위를 가능하게 만들었던 역사적 조건들을 상기시키고, 나아가 다른 미래를 창조하기 위해 세계적인 자각에 호소한다.

　이 두 강연은 현대 테러리즘의 의미와, 이 절대적 폭력이 탄생할 수 있는 세계의 상황을 이해하는 데 매우 중요한 것이 되고 있다.

東文選 文藝新書 129

죽음의 역사

P. 아리에스
이종민 옮김

　지구상에 존재하는 모든 피조물은 시작과 끝이라는 존재의 본원적인 한계성을 지니고 있다. 인간 역시 이러한 자연의 법칙에서 결코 벗어날 수 없는 한계성을 인식하고 있다. 그러나 인간 존재의 시작을 의미하는 탄생에 관해서는 그 실체가 이미 과학적으로 규명되고 있지만, 종착점으로서의 죽음은 인간들의 끊임없는 연구와 노력에도 불구하고 오늘날까지 이렇다 할 구체적인 모습을 드러내지 못하고 있는 것이 현실이다. 이유는 간단하다. 과학적으로 죽음이라는 현상 자체는 규명되었다 할지라도, 그 이후의 세계는 어느 누구도 경험하지 못한 때문일 것이다. 물론 죽음이나 저세상을 경험했다는 류의 흥미로운 기사거리나 서적 들이 우리의 주변에 널려 있는 것은 사실이지만, 이는 어디까지나 임사상태에 이른 사람들의 이야기일 뿐 실지로 의학적으로 완전한 사망을 토대로 한 것은 아니다. 말하자면 진정한 죽음의 상태를 경험한 사람은 존재치 않기 때문에 죽음은 더욱더 우리 인간들의 호기심과 두려움을 자극하는 대상이 되고 있을지도 모른다.

　아무튼 본서는 아득한 옛날부터 현재에 이르기까지 사람들은 어떻게 죽음을 맞이하고 생각했는가?라는 사람들의 호기심에 답하듯 죽음을 연구대상으로 삼은 역사서이다. 따라서 죽음의 이미지가 어떻게 변해 왔는지, 또 인간은 자신의 죽음을 앞에 두고 어떻게 행동했으며 타인의 죽음에 대해 어떤 생각을 품고 있었는지를 추적한다. 그리하여 역사 이래 인간의 항구적 거주지로서의 묘지로부터 죽음과 문화와의 관계를 파악하면서 묘비와 묘비명, 비문과 횡와상, 기도상, 장례 절차, 매장 풍습, 나아가 20세기 미국의 상업화된 죽음의 이미지를 추적한다.

東文選 文藝新書 197

부빈의 일요일

조르주 뒤비

최생열 옮김

1214년 7월 27일 프랑스와 플랑드르의 경계인 부빈에서 프랑스의 존엄왕 필리프는 독일 황제, 영국 왕, 플랑드르 백작 등을 상대로 약 3시간에 걸친 전투를 벌여 승리를 거두었다. 프랑스는 이 승리로 국가의 기초를 보다 확고히 할 수 있게 되었다. 그렇지만 이 전투를 다룬 《부빈의 일요일》은 단순한 전투사에 그치고 있지 않다. 조르주 뒤비는 이 전투를 그것에 영향을 주었던 당대 문화 속에서 파악하고, 또 이 전투 내지 문화에 훨씬 이전부터 서서히 영향을 끼쳐 온 요소들, 나아가 이 전투가 일으킨 즉각적인 반향뿐 아니라 장기적 파장을 긴 역사적 안목에서 고찰하였다. 그는 장기간에 걸쳐 한 문화의 토대를 서서히 변화시켜 간 희미한 움직임까지 포착하고 이 전투가 시기별로 후대인, 무엇보다 프랑스인의 심성 속에 일으킨 반향, 후대인이 이 사건에 가한 첨삭과 왜곡을 통해 이 사건이 전설화되는 양상까지 기술하였다. 20세기 초엽에 이르러 프랑스인들은 영국인이 워털루 전투를, 독일인이 라이프치히 전투를 기념하는 것처럼 부빈 전투를 기념할 필요를 느꼈다. 그러다가 제2차 세계대전 이후 현대사에서 부빈 전투는 프랑스인의 뇌리 속에서 망각되어 가고 있었는데, 뒤비는 이 사건이 갖는 의미를 장기 지속의 관점에서 프랑스인들에게 보여 주고 《프랑스 형성의 30일》의 핵심적 사건으로서 이 전투를 자리매김하였다. 실로 장기 지속의 관점에서 역사를 조망하는 아날학파의 정수를 보여 주는 저술이라 할 수 있다. 방법론에 있어서 뒤비는 인류학의 성과를 받아들여 13세기의 군사적 관행이나 봉건 사회에 대한 민속학적 접근을 시도하였다. 그는 별로 특이하지 않지만 반복적으로 언급되는 단순한 사실이 장기 실제를 훌륭히 나타내 줄 수 있다고 여기고서, 그러한 사실들을 천착하는 과정에서 일상에서는 너무 흔하여 잘 인식되지 않고 드물게 언급되는 흔적들을 밝혀내고 이를 기념비적 저술로 승화시켰다.